U0930812

European Renaissance

欧洲文艺复兴

主　编　喻晓燕
副主编　宋智容

内容提要

本书是为综合类大学通识教育所编写的教材，主要介绍了欧洲文艺复兴艺术的历史地位、发展的社会环境以及具有代表性的艺术类别、艺术流派、艺术家和艺术作品。与一般的历史描述不同，本书更加侧重艺术风格的变化发展之中所体现的人文精神变迁。

图书在版编目(CIP)数据

欧洲文艺复兴/喻晓燕主编. —上海：上海交通大学出版社，2018
ISBN 978-7-313-20036-5

Ⅰ.①欧… Ⅱ.①喻… Ⅲ.①文艺复兴—历史—欧洲—高等学校—教材
Ⅳ.①K503

中国版本图书馆 CIP 数据核字(2018)第 195782 号

欧洲文艺复兴

主　　编：喻晓燕
出版发行：上海交通大学出版社　　地　　址：上海市番禺路 951 号
邮政编码：200030　　电　　话：021-64071208
出 版 人：谈　毅
印　　制：当纳利(上海)信息技术有限公司　　经　　销：全国新华书店
开　　本：787mm×1092mm　1/16　　印　　张：8.25
字　　数：174 千字
版　　次：2018 年 9 月第 1 版　　印　　次：2018 年 9 月第 1 次印刷
书　　号：ISBN 978-7-313-20036-5/K
定　　价：26.00 元

前言

我们谈论的文艺复兴一般是指西欧洲历史上1400—1600年这段时期。文艺复兴可以理解为一场文化运动。在这一时期,艺术、文学、音乐、哲学和教育各个领域都受到某种程度的影响。这种影响逐渐在整个意大利传播并扩散到西欧的大部分地区。在这个过程中,人们逐渐对古希腊和罗马的艺术和建筑感兴趣,发现和吸收这些古文化,并用于自己的新生活中。文艺复兴时期人们开始创造自己的独特的文化,培养自身对美好事物和艺术的欣赏爱好。诸多文艺复兴时期的思想家感觉到他们生活在一个伟大时代的黎明时期,摆脱了欧洲的黑暗时代;自信文艺复兴不仅复活了古时代的荣耀,并超过了它。这种自信体现在新的艺术技巧、建筑风格、哲学和教育领域,其成果遍布欧洲。

本书材料翔实,观点鲜明,结构清晰合理。本书始终秉承一个宗旨,即在历史解读的框架内为读者提供一种有关文化表达和艺术作品的分析和欣赏。这将帮助读者运用历史唯物主义的辩证眼光来丰富和加深自己对当今世界的最新见解,以鼓励他们投入到未来的社会建设之中。

与一般的历史描述不同,本书更加侧重对这个阶段中人文精神变迁的描述,尤其是其在艺术风格的变化发展之中的体现。读者可以通过本书中对政治、哲学、宗教、艺术相互交融的状态的呈现,更好地理解现代世界开端阶段的精神气质,把握这个世界历史转折时期的独特性质。

参加本书编写的还有宋智容(第二、三章)、谈丽娜(第四、五章)、瞿春伟(第六章)、丁芊(第七章)。

编　者

2017年7月

目录

第一章　欧洲文艺复兴导论

第一节　欧洲文艺复兴的历史地位

公元 14 至 16 世纪，在欧洲发生了一场文化运动，它起源于意大利，后传播到英法，最终在德国结束，这是中古时代走向近代的一次蜕变。历史学家称之为 Renaissance，直译为“再生”，也就是当今中外通用的文艺复兴。

回望欧洲历史，从纷繁复杂的历史变迁中可以抽丝剥茧出两大要素：古希腊文明和基督教神学。两者截然相反，却相互交错，此胜彼败。公元前 6 至 5 世纪，古希腊的经济生活高度繁荣，产生了光辉灿烂的希腊文化，在哲学思想、历史、建筑、科学、文学、戏剧、雕塑等诸多方面的造诣，对后世产生深远影响。这一文明遗产在古希腊灭亡后，被古罗马人破坏性地延续下去。古罗马人建立的帝国，成为一个统治半个欧洲的大帝国，意大利半岛则是当时欧洲政治和经济的中心地区。公元 3 世纪后，罗马帝国逐渐衰弱，欧洲从此进入上千年的中古时期。这一时期是在自然科学和人文科学探索上没有突出成就的一个特殊时代。在这样的时代，欧洲文明实际进入到一种神学境界，对上帝、善的追究、对神学的研究成为思想探索的主流。对于思想文化发展而言，乃是一个黑暗时期。至 14 世纪，才出现古典文化的复活和再生，处处以学习古典自豪，称自己的新创为古典的再生和复兴，这就是“文艺复兴”一词的由来。在新艺术的盛期，当时已有不少超越古典的新成就，但感到慕古求新这一特色更能反映它成长发展的轨迹，“文艺复兴”一词就沿用下来。佛罗伦萨的艺术大师兼美术史家乔尔乔·瓦萨里(G. Vasari，1511—1574)撰写的巨著《名人传》概述了新艺术三个世纪的历程，而他所用的 rinascita 一词，也就是当今中外通用的“文艺复兴”(Renaissance)。如果从艺术的“再生”看到整个时代和文明的“再生”，那么首先就要注意到当时欧洲正从封建的中世纪过渡到资本主义近代。这个巨变率先发生在意大利，因此意大利在文艺复兴的发展过程中，取得最辉煌的成果。

从 12 世纪起，神圣的罗马帝国已四分五裂，中部和北部意大利已是欧洲工商业经济比较发达的地区，再加上那里属于封建势力薄弱的边缘地带，许多城市建立起一个个“城市共和国”，成为封建社会极其罕见的“例外”。以工商业者为主体的市民阶级掌握了城市政权，又进一步使工商业经济取得更大的发展，其资产阶级萌芽更见成熟。这些城市中尤为发达先进的有佛罗伦萨和威尼斯，这里的资本主义经济已渐成气候，城市国家也具有资产阶级政权的性质，世界上最早开始了由封建社会过渡到资本主义社会的成功转型。19世纪瑞士杰出的文化历史学家布克哈特(Burckhardt)称赞佛罗伦萨“是世界上第一个近代国家”。14世纪初，随着佛罗伦萨工商业的发展，新文学和新艺术也在成长，培育出新文学和新艺术的两位开山祖师——诗人但丁(Dante)和画家乔托(Giotto)。在但丁之后，有彼得拉克(Petrarch)和薄伽丘(Boccaccio)继续高举人文主义和新文学的大旗；在乔托之后则有整个佛罗伦萨画派绵延数百年，巨人辈出，足可以比肩于古典甚至超过古典的艺术繁荣。从时间上看，意大利的文艺复兴比欧洲其余国家早一两百年，在文化艺术各方面更是日后欧洲各国学习仿效的楷模。

文艺复兴艺术不仅是西方近代艺术的楷模，也是世界各国值得学习的典范。东方有悠久的文明与艺术传统，但在走向近代、现代化的过程中，也可以借鉴文艺复兴艺术。作为近代西方艺术先导的文艺复兴艺术，它的精华始终在于民主与科学。具体地说，前者是指其人文主义精神，后者是指其首创的科学表现技法。这些是向近代化和现代化迈进的世界各国的新艺术应该具备和吸收的。所以，在我国从五四运动开始的新文化运动中，各方面的有识之士无不欢迎民主与科学来到神州，以反封建而求中华之振兴。在艺术方面最有代表性的可举徐悲鸿早年(24岁)所写的《中国画改良论》，强调“西方画之可采入者融之”的号召，他所说的“可采入者”除贴近生活与大众的民主精神以外，主要就是指西方通过科学技法(透视与解剖)而达到完善的写实造型。徐悲鸿写此文时正当五四运动之前(1918)，当时新文化运动的旗手如陈独秀、蔡元培等亦多有此一论。尽管近百年来对此争论不绝，中国新艺术(包括新的中国画)的实际发展却证明“融入”之说是正确的。

文艺复兴新艺术的成长，主要是学习古典以创新，但同时也有吸收和融入一些中世纪的因素。近百年研究发现，新旧混杂并存之处很多，主流是创新一面，继旧或改旧也占一定分量，尤其在开始时甚至在数量上占据优势。这正是文艺复兴属于从中世纪过渡到近代阶段的反映。从这一点看，不仅意大利城市共和国的新艺术仍有不少中世纪的东西，由于君主统治的欧洲各国的新艺术主要服务于宫廷，城市的自治色彩比较薄弱，新艺术中的旧因素或者旧瓶装新酒的套路就更为常见。所以，研究新艺术中继承和改造旧艺术的一面也是很重要的。特别在尼德兰地区(今荷兰、比利时一带)，15世纪的新艺术主要是从哥特式艺术后期已有的、由抽象向具象转化的写实传统中发展起来的，其后虽也有对意大利科学技术的学习，但本土的中世纪色彩较浓厚的写实主义却独树一帜，并随着油画技法在此地发明，遂取得了可以和意大利艺术媲美的成就，不愧为北方文艺复兴艺术的一大中心，对法、德、西班牙和英国的新艺术皆有重要的影响。

文艺复兴之后有18世纪出现的洛可可艺术；19世纪出现的新古典主义、浪漫主义、现实主义和印象主义；接着，后印象主义向抽象艺术迈进，终于催生了20世纪惊世骇俗、五花八门的现代画派；21世纪出现了具象艺术与抽象艺术并存共赢的新局面。回顾这些世界艺术翻天覆地的巨变，使我们用更辽阔、更宽容也更现代的视野考察文艺复兴艺术本身。

第二节 欧洲文艺复兴艺术发展的社会环境

13 世纪的欧洲社会，单纯而统一，政治上无国界，学术上无异宗，一概在教皇统率之下。社会组织也一律为封建的政治制度，道德标准为基督教。至 15 世纪这局面才被打破，逐渐显露各民族的特性，形成南北两种模式，即以城市共和国为主的南方意大利模式和以专制君主宫廷为主的北方模式。

佛罗伦萨在经济上的起飞始于 13 世纪，依靠本地较高的生产技术与管理能力，再加国外市场的有利条件，在 14 世纪初已建立了当时欧洲规模最大、水平最高的毛纺织和金融业。此外，佛罗伦萨其他几个重要行业，如进口粗毛加工业、丝织业、皮毛加工等亦与毛织业旗鼓相当。更重要的是，以毛织和银行带头的工商百业无论生产流程与企业管理都具有较明显的资本主义性质，企业主就是资本家，工厂作坊的劳动者都是雇佣工人，他们构成全城人口的大多数。佛罗伦萨领土也包括城郊乃至远郊农村，但早在 13 世纪末就已宣布废除农奴制。佛罗伦萨无论在工商业还是在农业方面皆是一个开始具有近代意义的社会。在政治方面，以佛罗伦萨的毛织业、银行业、律师业和其他几个重要工商业的企业主组成的“七大行会”，直接掌握城市政权，名为行会，其实际是只有资本家或城市上层才能加入的带政治性质的组织。1293 年，佛罗伦萨政府制定了带有宪法性质的《正义者法规》，规定任何贵族不得担任政府要职，一切贵族之家都要向政府交纳人质和押金，尊法听令，否则即予严惩。所以文艺复兴时期伟大的政治家和史学家马基雅维利(Machiavelli)直言不讳地说：“在佛罗伦萨平民成了胜利者，贵族被剥夺了参加政府的一切权力。”在今天看来，他这句话揭示了佛罗伦萨共和国是一个资产阶级政权的历史事实。在佛罗伦萨取得充分发展的新的政治经济背景下，新文化、新艺术自必应运而生，所以佛罗伦萨在 14 世纪会成为文艺复兴新艺术的发源地，15、16 世纪始终是新艺术的最大中心。

佛罗伦萨的城市政府和“七大行会”掌握着文化管理与领导大权，如最重要的文化建设项目——佛罗伦萨大教堂与佛罗伦萨政府大厦，便由城市政府规划设计，大教堂的建造由毛织业行会直接经手管理，教会对文化的控制权力大为削弱。新的知识阶层与朝野都热衷于世俗文化与市民文化的建设，尤其注重用古典文化来排斥、改造封建的教会神学文化。随着教育的普及，新人辈出，佛罗伦萨市民的整体素质不断提高，社会上形成了重视自由、善于创新、尊重人才、讲究效率的新风气，使这个人口不足 10 万，还没有自己大学的新城市在艺术、文教、政法、科技各行业都有出类拔萃的人才出现。在中世纪的末期，但丁与乔托已在佛罗伦萨成长起来，并开始献出他们标志着时代新风的早期作品。

从艺术上看，乔托(Giotto, 1277—1377)与佛罗伦萨这个城市的关系尤为密切。他是一个贫农的儿子，生于佛罗伦萨北边不过几英里的一个名为维斯宾雅诺的小村子。有一天,他替父亲放羊的时候,在一块石头上画羊自娱。刚好有一个人走过来,这人极有可能是画家契马布耶,他见小孩子在作画,就驻足凝视。他感到这孩子很有天分,双手拉过孩子,搂在怀里;然后劝他父亲让孩子跟他去佛罗伦萨学画,而当时正处在新艺术萌芽阶段的佛罗伦萨,需要乔托这样来自基层、聪明伶俐的孩子。他的师傅只是把他引入技法之门,而佛罗伦萨向他敞开的却是生活与时代之门,这个正处在新时代起点上的自由城市的沸腾生活与蓬勃朝气对他产生了决定性的影响,使他的本领得到更好、更广阔的发挥天地。他既是佛罗伦萨市民最为喜爱的艺术家,同时也是一个典型的佛罗伦萨市民,又像精明的企业家那样经营着自己的艺术作坊,并在工商业方面做出了成功的投资。正是他的新艺术使当时人们看到一个新的时代已从中世纪的幽暗中脱颖而出,乔托被佛罗伦萨人尊崇为意大利绘画之父。到15世纪,佛罗伦萨的新文化新艺术更见蓬勃高涨,当时著名的人文主义者马蒂奥·帕尔梅里(Mattee Parmes)也以热情洋溢之笔描绘乔托的艺术在新时代的辉煌:“直到乔托终于把画艺恢复过来之前,绘画沦落到多么可怜的地步!那简直是对表现人的艺术的嘲弄,雕刻和建筑也是长期沦入滑稽可笑之境,他们只有在今天才重见天日,只有在今天才由那些天才和博学之士把它们重新扶入完美优雅的高度……真的,现在每个有识之士都会感谢上帝使他生活于这个新时代,这一个如此充满希望和前途的时代,它已拥有如此大量的高潮的人才,其人数远远超过它以前1000年的总和。”①

15世纪新艺术的大师和同时代的人文主义者一样,几乎都是佛罗伦萨人或在佛罗伦萨成长起来的,当他们骄傲地回顾自己的新艺术、新文化和新时代时,无不赞扬正是佛罗伦萨这个新城市、新社会造就了他们自身。在这方面最脍炙人口的名文当推人文主义者列奥那多·布鲁尼(Leonardo Bruni, 1427—1444)写的《佛罗伦萨颂》(*Historiarum Florentini Populi*),全篇用拉丁文写成,共12卷本。全书强调佛罗伦萨为新文化、新艺术提供条件,促其繁荣,称得上新时代的雅典。

布鲁尼较他主要的庇护人、佛罗伦萨执政官萨卢塔蒂(Coluccio Salutati)晚一辈,他曾任4任教皇秘书。由于他在历史编纂学方面的不懈努力,意大利史学率先在佛罗伦萨完成了由中世纪的编年史向人文主义叙事史的过渡,他也因此成为文艺复兴时期人文主义史学的先驱。

布鲁尼时代,古代知识在意大利特别是佛罗伦萨的学术界已相当普及,古典作家的著作、各类手稿、抄本已很丰富,这为人文主义学者提供了良好的学习条件和研究环境。布鲁尼在大学系统地学习过法律,但他对历史、文学、哲学特别是辩证法和修辞学等人文学科的各门知识饶有兴致。布鲁尼对很多学科并不是简单地涉猎,而是进行多年的潜心领悟和研究。对他的学术生涯产生导向性影响的一个人是萨卢塔蒂,他拥有托斯卡纳最好的私人图书馆,包括历史著作的特藏,布鲁尼可以随意使用。他对历史学著作的最初翻译是普鲁塔克②的《马克·安东尼传》,大约完成于1405年之前。这是献给萨卢塔蒂的处女

---

① 马蒂奥·帕尔梅里:《论公民生活》,中译文引自朱龙华:《意大利文艺复兴的兴起与模式》,人民出版社,2004年版。
② 普鲁塔克(Plutarchus,约公元46—120),罗马帝国时代的希腊作家、哲学家、历史学家。

作。这或许激发了他对传记作家普鲁塔克的浓厚兴趣，他向萨卢塔蒂坦言：准备翻译普鲁塔克写的所有存世传记。随后几年，他翻译了普鲁塔克的《罗马政治家传记》；此后，又着手普鲁塔克的《雅典政治家传记》的翻译工作。1412 年 12 月，《狄摩西尼传》的完成令布鲁尼很兴奋，因为他以前的希腊文教师 M. 赫里索・洛拉斯褒扬了这部译作。这也推动了他将柏拉图、亚里士多德、狄摩西尼、波利比安、普罗科皮厄斯、色诺芬、埃斯基涅斯等希腊古典作家大量希腊语著作译成拉丁语。长期的翻译工作，使他发展了文艺复兴时期按照原文意思进行翻译的新方式，取代了中世纪逐字逐句的刻板译法。这种方式延续到现在。

布鲁尼 44 岁那年，回到佛罗伦萨，完成了一部重要的著作：《佛罗伦萨人民史》，共 12 卷本，分四个部分，即风土人情、历史传统、人的美德和制度建设。

在第二部分的历史传统中，他是这样描述佛罗伦萨的历史：佛罗伦萨这座城市来自罗马共和国时代。我们是罗马人的后代，天下再没有比罗马人更加杰出和强大的了。但是，即使佛罗伦萨集天下伟大之伟大，也是来自罗马共和国时代，而不是来自恺撒以后的帝制时代。通过这样的描述，布鲁尼把佛罗伦萨的历史往前推，佛罗伦萨不是始于皇帝的帝国时代，而是共和时代。他否定了恺撒。在彼得拉克那里，恺撒是个大英雄，在布鲁尼那里，恺撒是共和制的敌人。在继承父辈的光荣传统方面，他要求继承罗马时代的高贵、伟大、辉煌。他说：更重要的是继承古代的自由精神，从罗马开国，共和制就产生了，共和制就有光荣、尊严、自由。这些被佛罗伦萨人继承了下来。相反，恺撒却是颠覆了共和国，建立帝制，所以被人杀死。恺撒是个恶劣之徒。他又提到恺撒的那些养子们是如何得凶残，滥杀无辜的人民，如何对元老院背信弃义。从他的这些文字中我们可以了解布鲁尼的观点。

《佛罗伦萨人民史》一经问世，就被人文主义圈子带着赞美和惊讶所接受，这部著作“无论从独创性、风格还是影响，任何优秀的特征，都值得被看作是意大利文艺复兴最伟大的历史著作。这不仅是许多同时代人的公正评价，也是文艺复兴历史编纂学大批现代学者的公正评价”。这部著作为后来的人文主义历史编纂学树立了一面旗帜，“如果没有这部著作奠定的基础，马基雅维利写不出他的《佛罗伦萨史》来”。有人这样对布鲁尼葬礼献辞：“他激活了已被遗忘的许多佛罗伦萨往事的记忆。”

布鲁尼撰写巨作的同时，新艺术大师们的创作也无不以气魄之宏伟和技艺的精深彰显佛罗伦萨这个新城市体现的充满理想、迈向未来的精神。例如，当时佛罗伦萨最著名的建筑大师，同时也是雕刻、绘画家的布鲁乃列斯基(Filippo Brunelleschi，1377—1446)，承担建设佛罗伦萨大教堂中央圆顶的设计与施工的任务，克服了许多人认为无法解决的技术难题，并使这个直径 46 米、高达百米的大圆顶的艺术形象完美地达到了佛罗伦萨政府在有关指令中提出的“绝顶宏伟、极尽智巧”的要求，其建造速度之快、质量之精、气魄之大、形象之美无不令人惊叹，为当世的奇迹。当时雕刻家多纳泰罗(Donatello，1386—1466)，在其作品中除体现与布鲁乃列斯基同样的雄伟恢宏气魄之余，更能于俊逸中显勇毅、于生动中显端庄、在眉目间表现对时代的信心与对未来的展望，感人之深不下布鲁尼的文章。15 世纪初多纳泰罗创作的《圣乔治像》也预告了百年之后将出现米开朗基罗的《大卫像》，它们在反映新艺术与新城市之间的血肉关系，体现新时代的英雄气魄方面是完全一致且一脉相承的。

当然，在米开朗基罗时代，佛罗伦萨城市共和国经历了更多的风雨，积淀了更多的文采，也创造了更多的辉煌，所以它本身像一个小宇宙般的社会生活使新艺术达到顶峰，使它更丰富多彩。但《大卫像》体现得尽善尽美的那种雄强浩大、蓬勃坚定的理想，仍是时代的主旋律与最强音。兴盛期新艺术的光辉与多样，反映了佛罗伦萨的影响力。佛罗伦萨的三大巨人的典范艺术，即达・芬奇的科学性的探索、米开朗基罗的激情与悲壮、拉斐尔的秀美和谐，使我们难以忘怀。其他意大利名城的贡献，如威尼斯的云光水色与绚丽丰富、罗马的博大典雅与古今兼容、米兰的深厚工艺传统等也都为新艺术添色不少。

在新城市与新艺术的发展过程中，我们也应该考虑到更为广阔的一面，也就是广大人民群众对新艺术的关怀与支持。这是新艺术与市民社会的一种良性互动。市民群众的关怀推动了新艺术的发展，新艺术的优秀成果向群众开放，提高了整座城市的审美意识与文化素质。从 14 世纪乔托艺术的众望所归、15 世纪布鲁内列斯基高达云霄的大圆顶和多纳泰罗在大街小巷皆可一见的雕像被人人视为城市之光，到 16 世纪达・芬奇与米开朗基罗的创作引起全城轰动，三个世纪以来，佛罗伦萨全城可谓时时处处都可找到这类良性互动的痕迹。

在面目如此众多、作品如此丰富的艺术家家族周围，还有无数的鉴赏家、保护人、购买者以及簇拥在后面的广大群众，包括贵族、文人、布尔乔亚、工匠、僧侣、平民；风气之盛使那个时代高雅的鉴赏力成为自然的、自发的、普遍的东西。

“美第奇家族”(Medici Family)是 13—17 世纪在欧洲拥有强大势力的佛罗伦萨名门望族。当我们的眼睛掠过马萨乔、多纳泰罗、波提切利、达・芬奇、拉菲尔、德拉瑞亚、米开朗基罗、提香、曼坦尼亚等如雷贯耳的名字时，或许应该了解，还有一个名字在这些文艺复兴巨匠的身后闪光，那就是——美第奇。事实上许多作品，本是美第奇家族的收藏，有不少画像和雕刻，就是为这个家族成员而作的，甚至展品最主要的来源佛罗伦萨乌菲兹美术馆，也是这个家族的遗产。

新艺术在 15 世纪传遍意大利，在 16 世纪又传遍欧洲。16、17 世纪这 200 年，是英法宫廷发展的重要时期。宫廷对于新艺术都有不同程度的开放和利用，它们以城市为依托，市民阶级是它们要争取和利用的社会力量，内政上虽然有君主统治的诸多缺点，却能鼓励工商、整顿市容、发展农业、兴修水利，尤其是利用新艺术来提高其宫廷的气派和装饰其豪华的礼仪，以求得市民群众的支持，我们称之为“英法宫廷模式”。最著名的是北方新艺术发源地尼德兰的勃艮第公爵，这个公爵家族一直统治着法国东北以富庶著称的勃艮第地区，其首府第戎至今仍然是法国的名城之一。这个家族凭借封建联姻关系继承了包括今荷兰、比利时在内的尼德兰地区的统治权，而尼德兰是在工商业兴盛、城市繁荣方面仅次于意大利的经济发达地区，可谓锦上添花。其势力可直逼法国国王，在英法百年战争中(1337—1453)，它就站在英国一边与法王一争高下。著名的法国女英雄贞德孤军奋战、壮烈牺牲的故事中,贞德的对立面就是英国国王与勃艮第公爵,而把她抓住并卖给英国人的,也是勃艮第党人。由此可见,勃艮第公爵并不是什么进步的政治力量,在其统治下的尼德兰城市的自治权力很有限,未能达到意大利共和国尤其是佛罗伦萨那样的高度。但由于市民的喜爱和城市的支持,新艺术仍在尼德兰蓬勃发展起来,虽然其古典韵味与人文情趣不及意大利,其写实技法却几乎可匹敌佛罗伦萨。尼德兰最伟大的艺术家杨·凡·爱克(Jan Van Eyck,1390—1441)和维登(Weyden,1400—1464)都为勃艮第宫廷工作,而尼德兰的绘画以及根据绘画制造的价值极高的挂毯、各类高档金银工艺品成为勃艮第宫廷的国宝,并引起法、英、西班牙和德国的大小王侯竞相求索仿效。不过,"勃艮第模式"在文艺复兴历史上并不长久,1477 年其末代公爵查理战死沙场,法国国王立即把勃艮第归入法国领土,最后完成了国家的统一,尼德兰地区则因德国皇帝娶查理之女而获得继承权,于是名噪一时的勃艮第家族灰飞烟灭。从新艺术与宫廷的关系看,"勃艮第模式"不失为日后的"英法模式"的预兆,也可以说是"英法模式"的一个前身。

至 16 世纪,欧洲政治形势的新发展,使统一国家的专制君主模式被提高到更重要的地位。首先对此有所认识的仍要数那位最有远见的佛罗伦萨政治家马基雅维利,他根据自己在共和国政府历任要职、几度出使外国的丰富经验,确信国家统一、民族富强是新时代进一步发展的首要任务,而欧洲当时的具体条件却决定了只有一国之君能担当此重任。当然,这种君主已不是旧的封建君王,而是正在建立统一民族主权的国家、正在建立市民阶级和城市希冀的新政治秩序的君主,马基雅维利称之为新君主,其宫廷自然也是新宫廷。他最重要的政治学著作《君主论》就是专门讨论这些问题,虽然着墨之处偏重于从历史经验讨论新君主的特色及其如何行事等,关键之点却在于强调新时代的市民阶级要善于审时度势而和新君主结成同盟。就新君主本身而论,其特点无非是国王权力极大,真正做到一国之内唯我独尊的绝对专制,所以称之为专制君主或绝对主义王权;而对新时代也具有积极意义,甚至继意大利共和国而成为文艺复兴后期发展的主要载体,则是与市民阶级的联盟。西方学者过去多震惊于马基雅维利在书中大胆宣称新君主为了国家统一、王权壮大可以不顾一切,不择手段,不顾传统道德观念的约束,却很少有人注意到《君主论》实为一本市民如何与君主联盟的教科书。既然在政治上可作如是看,那么在文化尤其是在艺术发展方面,新君主及其新宫廷对新艺术的积极意义也就更加彰显。

第三节 古典艺术与文艺复兴

古典艺术与文艺复兴之关系,从新文化、新艺术皆冠以复兴之名即可看出。复兴者,即古典之复兴也。可以说,新艺术的每一个重大进展,古典艺术所起的良师益友的作用皆有突出的表现。一般而言,在文艺复兴运动学古创新的全过程中,新文化的各个领域无不奉古典为师而取得辉煌的成就,但在艺术领域,这种情况特别明显,也特别有效。对新艺术而言,古典的启迪开导之影响,确实达到无与伦比的深厚,无怪乎当时人都感到新艺术实为古典之再生，以新作能比肩于古典为最高的赞赏，若能有所超越，则是新时代无上光荣。对于这种世界历史上罕见的古为今用，古典启发导致新艺术繁荣的现象，说得最透彻的莫过于恩格斯那段大家熟悉的评论："拜占庭灭亡时抢救出来的手稿，罗马废墟中发掘出来的古典古代雕像，在惊讶的西方面前展示了一个新世界——希腊古代；在它的光辉的形象面前，中世纪的幽灵消逝了；意大利出现了出人意料的艺术繁荣，这种繁荣好像是古典古代的反照，以后就再也不曾达到过。"[①]如果说手抄本是指对人文主义的启发，那么古典雕像则作为古典艺术的集中代表而如惊天动地般向西方展示了一个新世界，它所起的使中世纪幽灵消失的作用，显然比手抄本更直接，也更为形象，因此其结果是意大利出现了前所未有的艺术繁荣，甚至"罗马废墟中发掘出来"一语也是有其充分的历史内容。在15 世纪初，布鲁乃列斯基携多纳泰罗同赴罗马作实地考察，开始了从废墟中发掘、整理、登入、测绘古迹古物的运动，标志着学习古典进入更为自觉、更为深入的阶段，较 14 世纪那种只看现存残片不求发掘研究的情况迈进了一大步。有趣的是，他们在罗马废墟中那种流连忘返、如痴如醉的热情，竟使当地人误认他们为马窖寻宝之徒，一时传为佳话。当然从某种意义上看，他俩确实在寻宝，却非金银之类财宝，而是较之贵重千百倍的古典艺术遗产的无价之宝。有了对古典艺术更具体、更深入的认识，布鲁乃列斯基的建筑设计和多纳泰罗的雕塑作品随即就有了明显的提高，而由他俩带头，由此形成 15 世纪佛罗伦萨新艺术全面的繁荣。

文艺复兴时代新艺术的萌生、成长、鼎盛，无不与古典的启发、示范有关；同时，古典艺术对新文化的其他部门的启发与感召力也非同小可，其潜移默化、移风易俗的效果，不仅改变了新文化，也改变了整个社会。究其原因，当然是因为古典艺术靠遗迹遗物向后世传递风格，与其他古典文化的传承主要以古籍为载体不同，具体来说，古典艺术遗物无论现存或发掘所得，即使是断垣残柱、雕像或浮雕的局部，都能精深与形象生动地体现古典文明的发达与中世纪的落后，这也正是恩格斯所说的在古典的光辉形象面前中世纪的幽灵消失了之意。其启发于专业学者和广大群众的无非"以人为本"4 个字，我们也可称之为人本主义。

新艺术从古典得到的最大启示是什么呢？一语道破，那就是现实主义。如果用当时通用术语，亦即学古典就是面向自然，以古典为师就是以自然为师。而当时所谓的自然，既包含宇宙万物也包括人的社会生活与精神世界，实际就是艺术家所面对的现实生活的一切。

新艺术学习古典艺术的过程，就是从初步领悟现实主义到加深现实主义，赶上甚至超过古典的现实主义顶峰的过程。这是文艺复兴艺术史上最令人感兴趣的史诗般的历程。人们通常把文艺复兴艺术最早起点定在 12 世纪 60 年代尼古拉・比萨诺(Nicola Pisano，1205—1278)创作的比萨洗礼堂讲经坛上，这座讲经坛的栏板浮雕异常精美，但尤为可贵的则是其人物形象与构图布局皆有直接仿效古典艺术之处。比萨是佛罗伦萨附近的海

① 《马克思恩格斯选集》，人民出版社，1995 年版。

港，商业航运发达，城市环境亦接近于佛罗伦萨，比萨诺在这样的城市环境中，以其讲经坛浮雕为新艺术解开序幕，应是合情合理之事。但深入研究表明，比萨诺并不如其姓名所示是比萨城人，而是来自意大利南部，青壮年时服务于南部意大利的德国皇帝腓特烈二世的宫廷。此人借封建婚姻而继承了南部意大利西西里王国的王位，野心勃勃，想以南北夹击之势把意大利城市直接置于皇帝统治之下，自然受到佛罗伦萨和意大利各城市的反对，终归失败。所以历史上也以腓特烈二世的最后失败作为意大利城市获得完全独立的一个里程碑，佛罗伦萨的起飞亦由此开始。比萨诺在此宫廷服务，当他抵达意大利南部港口时，就意味着他已从中世纪旧宫廷环境，来到具有近代萌芽意义的新社会。这一转变的直接作用就是，使比萨诺的艺术从旧宫廷借古典以显帝王威仪的俗套，转变为新时代学习古典以表现生活真实的新艺术倾向。比萨诺的高足弟子是来自佛罗伦萨的阿诺尔孚·迪·坎比奥(Arnolfo di Cambio，1232—1310)。佛罗伦萨大教堂和佛罗伦萨政府大厦，就是阿诺尔孚担任设计和工程总监的。这两项工程起步的那几年，也正是但丁在佛罗伦萨政坛与文坛积极活跃之时。政府大厦动工之际，但丁正担任佛罗伦萨的最高行政长官，因此他俩必然熟稔。而这几年还正是乔托崭露头角，被公认为佛罗伦萨画坛新秀之时。所以，从比萨诺—阿诺尔孚—但丁与乔托这条线我们不难看到，以学习古典起步的新文化从萌芽到逐渐成长的过程。

尼德兰新艺术走向成熟要比意大利晚一些。在15世纪才出现具有逐渐独特风格的大师，其中最著名的便是前面提到的杨·凡·爱克，可是近年研究却更为强调比杨·凡·爱克年长10岁的罗伯特·康宾(Robert Campin，1378—1444)所起的先锋带头作用，认为正是他奠定了尼德兰绘画的新风格。康宾的代表作《米罗德祭台画·受胎告知》约作于1425—1428年，这几年也正是马萨乔推出他最有代表性的杰作之时，如果我们比较在欧洲土地上大约同时出现的南北两位新绘画大师之作，甚至会觉得康宾写实之细密、刻画之入微大有超过马萨乔之处，马萨乔的“愈接近自然便愈完善”的现实主义原则用在康宾身上不仅很适合，甚至更为贴切。这样看来，若以写实求真为新艺术的首要任务，那么尼德兰画派和佛罗伦萨画派确可并列为两大源头与中心。可是从文艺复兴发展的全过程看，虽然两派之间确有彼此称颂、互相交流之处，但佛罗伦萨，或说意大利艺术仍然渐居主流。尼德兰画派在15世纪盛极一时，到15世纪末，便转向侧重于学习意大利，16世纪则以学习意大利为主了。这种转变固然可以从尼德兰城市政治上的独立自主不如意大利这一点上得到说明，若就艺术发展本身而言，那么意大利艺术以古典为师、学古而创新更具普遍意义则是其主要原因。

1506年，在罗马城的一个葡萄园里，被普林尼①在《自然史》中誉为一切绘画雕刻中最杰出之作的《拉奥孔》群像出现了。这尊《拉奥孔》乃是罗马帝国初年的希腊艺术家的作品。距公元5世纪的雅典盛期已有400年之久，但它确实以炉火纯青的技法体现了古典

---

① 盖乌斯·普林尼·塞孔都斯(Gaius Plinius Stcundus)生于公元23—79年，世称：普林尼，以其所著《自然史》一书著称。《自然史》是罗马人认识世界和了解自然的知识大全。

艺术高度现实主义的理想，其均衡、和谐、丰富、深沉与典型化的手法皆非当时可见到的其他古典遗物所能比拟。这尊《拉奥孔》极得米开朗基罗、拉斐尔之赞赏，他们来到罗马，对它进行观摩。可以说，对这些16世纪大师最有启发、最令人鼓舞的就是《拉奥孔》所体现的融写实与理想于一炉的和谐完美风格，这正与他们自己作品所力求达到的境界不谋而合，这种巧合正好推动他们向自己已认定的目标加油迈进。

第四节　人文主义与现实主义

古典的人本主义在文艺复兴时代发展为人文主义。文艺复兴的人文主义最具主导意义的一点是，对人、对自然、对现实生活采取肯定态度。从字面上看，对人的肯定和以人为本是同义词，两者并无二致；但是，在文艺复兴的时代背景上，对人的肯定是针对中世纪神学对人的否定，所以在肯定之下，更重要的内容是反对人的生活受宗教神学支配，反对人性被神性奴役，反对人的活动受教会主宰。因此，人文主义在当时具有鲜明的战斗性，最能适合新兴资产阶级在意识形态和思想文化领域破旧立新的需要。它在高举肯定人性大旗的同时，辅以学习古典、崇尚理性的号召，于是成为文艺复兴文化中具有领导地位的思想，各个文化领域的建树无不以人文主义为依托。而在艺术领域中，由于其现实主义表现手法与人文主义思想内容的紧密结合，更使它能与现实主义齐头并进，在整个文艺复兴运动中起了非常突出的作用。

所谓现实主义表现手法与人文主义思想内容的紧密结合，是指新艺术创作的人物形象愈为真实生动，其体现的人文主义思想也就愈加鲜明强烈，反之如是，或者说在思想上对人、对生活、对自然采取肯定的态度，在艺术创作上就能够而且必须走向现实主义。这种结合在人类艺术史上并不多见，希腊古典艺术和文艺复兴艺术可算两大佳例。所以，不能笼统地说现实主义一定和先进思想在一起，或者先进思想不借现实主义体现就不先进，一切要以具体时代环境为转移。可是在文艺复兴时代，这种非常紧密的结合确是新艺术蓬勃发展、最受欢迎的重要原因。纵观文艺复兴艺术发展的全过程，这种结合又在不同阶段和时期有大同小异的变化，作用也各有不同，从而加深了我们对新艺术发展史甚至对整个文艺复兴的了解。

在但丁和乔托的时代(14世纪初)，人文主义尚未完全形成，不知人文主义为何物，但在但丁的《神曲》和乔托的绘画中，却可见其艺术形象的真实生动，看到人文主义思想的曙光。在《神曲》中，我们可以发现但丁既肯定自己内心世界的真实与丰富，也以同样的眼光看待、表现古今英雄豪杰以及诗中描写的各类人物，这种肯定使他处处以现实主义的生花妙笔刻画社会生活，使故事情节激动人心，主角的性格活现眼前。同时，他还善于运用自然世界的现实主义风光来比喻和形容自己“神逝”中的梦境与幻景，真实与想象同工，于是他的诗篇像一面镜子放映照着自然与现实世界的森罗万象。乔托作为但丁的好友兼崇拜者，他的“面向自然”更是以现实主义的艺术形象，体现鲜明的人文主义思想。

到了 16 世纪初年的文艺复兴鼎盛时期，人文主义与现实主义结合更加紧密，并且意大利历史形势的巨变使新艺术进一步推动和提高了人文主义，在传播人文主义思想方面甚至担当了主角。这时意大利尚未统一，而已获得统一的强邻法国、西班牙便凭其兵强马壮乘虚而入，为争夺意大利竟在意大利土地上打了好几十年的“意大利战争”，受害的当然是意大利的城市和人民，意大利已不见 15 世纪那种蓬勃发展之势而陷入马基雅维利悲叹的那种“长期颓败荒芜”，南北要地皆为外国占领的状态。佛罗伦萨也不例外，它虽然两次起义企图力挽狂澜，终为西班牙击败，最后在 1530 年从共和国变成了公爵国。这只是就政治而言，在文化上尤其在艺术上，则不仅没有任何颓败之象，反而出现了恩格斯所说的那种“前所未有的艺术繁荣”的盛期文艺复兴。16 世纪的意大利人文主义虽然有马基雅维利这样伟大的政治家为代表，但总的来说，已逐渐蜕化为某种书斋式的学问和贵族化的生活哲学，只讲究纯正拉丁文体与古典韵味的谈吐，只重视学习古典肯定人性，战斗性已大为减弱。而盛期人文主义的艺术体现却和这类书斋学问大不相同，无论是米开朗基罗的战斗热情、达·芬奇的科学精神还是拉斐尔的秀美理想，都以其雄强浩大、和谐坚定奏出先进思想的最强音。当文艺复兴运动由意大利传到欧洲各国时，各个文化领域和学科在各地都可见到热情的响应，但其中最热烈的仍要数艺术。尤其在后期文艺复兴(16、17 世纪)以专制君主的新宫廷为主的政治秩序下，人文主义进入宫廷的途径也主要依靠新艺术的指引。从这个角度看，由现实主义与人文主义相结合而产生的伟大动力，不仅是新艺术命脉所系，也推动着整个文艺复兴运动的发展。

第五节　文艺复兴时期科学的发展

从 14 世纪以来，佛罗伦萨新经济的重大发展凭借的就是先进科技促进生产力的提高，所以整个社会当时已有重视科技、讲究效率、热衷于技术发明的氛围。而艺术家们，无论是建筑师、雕刻家和画家，大多出身金银工艺行业，本来就有重视手工技艺的传统，到 15 世纪，他们的任务就是用科学理论和科学方法，把这些技艺武装、改造、提高起来。15 世纪初年的建筑大师布鲁乃列斯基，正是这方面的重要代表。因此，瓦萨里为布鲁乃列斯基写的传记在极力表扬他的艺术天才同时，也非常注意他在科技方面的造诣：“布鲁乃列斯基和一些技术专家有深厚友谊，他倾心研究过动力、运转、传动等工艺和机械的知识，这样就使得他能够亲手制成一些非常精良而又美观的钟表。”显而易见，钟表是当时最能反映技术水平的尖端发明之一，按照它的工作原理可以演绎出各种机械。布鲁乃列斯基出身于金银工艺学徒，手艺精湛，而他全家又是政界名宿，学识丰富，使他对几何学、数学和其他古典学识的钻研也很深入，他又多次到罗马考察，对力学、化学、冶金、解剖、透视和工程学都有所研究，为他担任佛罗伦萨大教堂圆顶这个“世纪工程”的设计和建造奠定了基础。在建造圆顶时，他还改进了起重机、滑车、杠杆和多种石砌工艺，发明了一种专用运输建筑材料的船只及有关装备，并以此获得佛罗伦萨政府颁发的专利特许，可谓历史上第一件由政府注册的技术发明专利。有了这样深厚的科技基础，再加上他为完成大圆顶建筑积累的经验，他发明并亲自示范运用对新艺术影响最深的科技法——透视画法，自是顺理成章之事。

所谓透视法，也称焦点透视，就是决定一幅画或一块浮雕只有一个唯一的视觉焦点，画面内一切视觉线条上下左右皆集中于这唯一的焦点中，一切景物及其细部皆按与焦点的距离和线条的角度决定其远近关系与透视缩形。这样一来，透视画法就提供了在艺术表现上按科学法则规定的客观空间，确有百试不爽、颠扑不破之效。在人类艺术史上，只有希腊古典时代的作家留下若干关于埃及透视的几何与光学原理的零散言论。从庞贝遗迹看，有一些接近透视的实践，仔细分析则仍由多个焦点而非唯一的焦点，所以现代研究普遍认为，古典并无系统的焦点透视理论，更无完全适合艺术界应用的透视法的发明。所以，发明它的重任，只有由文艺复兴的新艺术担任起来。布鲁乃列斯基作为开创者的伟大贡献，不仅在于他把科学理论与实际应用结合起来，形成一套既简明易懂又行之有效的科学技法，并将其传授给多纳泰罗和马萨乔两位大师，而且还在于他自己亲手制作了两幅历史上首次按透视法绘制的佛罗伦萨街景图。一幅是在佛罗伦萨大教堂门口看对面的洗礼堂建筑之景；另一幅则是在广场一角看佛罗伦萨政府大厦之景。他把这两幅图画拿到实地展出，让观众将画景与实景相对比，看到它们完全一致，于是观众惊呼为艺术的奇迹，并确信透视画法的卓越。

“所谓绘画无非是一个视觉角锥体在一定距离上的横断面，有一定的中心和适当的光照，并以线条和色彩在一定平面上表现出来。”这个定义听起来有点过于科学化，但它比马萨乔的“愈接近自然愈完善”也复杂丰富得多，是包含真知灼见的至理名言。如果把绘画定义为视觉角锥体的横断面，那么透视画法和与它有关的几何、数学与光学知识对艺术家的重要性不辩自明了。因此，评论家都认为作为绘画的科学定义西方数百年来无出其右；更有甚者认为，以透视画法为代表的科学与艺术的联盟，不仅给新艺术巨大的推动力，也进而影响了广大群众世界观的转变，即要求用科学的眼光观察世界，构建一种客观、科学和按数量统计决定其精确度的观察世界的方法。我们也可说这是一种观察世界的新途径。

与透视画法相并行的另一项重大科学技法，就是解剖学的研究，也可谓艺用解剖学。它从实际解剖人体(尸体)出发，达到对人体结构科学的、精确的、充分的了解，并与透视画法对空间的科学表现相配合。从具体的发展过程看，新艺术的解剖研究先是从动物——马、牛、羊等的解剖而后进入人体解剖的。这可能和宗教禁忌有关，即教会严禁艺术家对尸体解剖研究，从而使这项研究最初很难公开进行，只能以动物的解剖开其端，但其目的与方法都是同样的。所以到 15 世纪，这些宗教禁令便被打破，艺术家进行人体解剖以了解人体结构的事例不仅常见，而且被欢呼为新艺术的一大胜利。根据以上情况看，我们认为布鲁乃列斯基和多纳泰罗这两位先锋大师，早在 15 世纪初年即有解剖研究的想法和初步实践，只是秘而不宣罢了。因为布鲁乃列斯基的雕刻功夫也非常深厚，他步入艺坛甚至以雕刻知名。1401 年，他怀着必得之志，参加佛罗伦萨礼堂青铜门投标竞赛，其作品就以人体表现的杰出著称，果然和另一位雕刻家吉贝尔蒂之作并列为上乘之选，但最后吉贝尔蒂夺冠，于是他愤而弃雕艺专攻建筑。其后布鲁乃列斯基和多纳泰罗携手赴罗马实地考察古典遗物，除建筑外，他俩研究最多、讨论最多的当然也是雕刻。从对古典雕刻的考察中，他们自必意识到古典艺术人体表现的成功，得益于对人体的比例、结构和运动机制作了实际的观察探究，虽然古人是否进行解剖不得而知，但希腊奥林匹克运动会以及一切体育竞技运动员必以裸体参赛，体育馆训练也以全裸进行等，是希腊社会公众尤其是艺术家对人体机能非常熟悉的原因。以布鲁乃列斯基的科学头脑，他很容易就会联想到对人体结构的考察，最好采取尸体解剖的途径，就像他们为了熟悉古典艺术，亲自来到罗马废墟发掘古物那样。这种认识在他的学生多纳泰罗和马萨乔心目中必引起强烈的共鸣，使他们分别在雕刻和绘画上，表现人体获得空前的成功。《圣乔治像》就是一例。不过圣乔治这位英雄是必须身披铠甲的，披挂之下身体结构就未能充分裸露，其坚毅英俊却凭非常准确的结构比例与优雅的姿态表现出来了。此像 10 余年后，多纳泰罗就推出一尊全身裸体的青铜《大卫像》(作于 1430—1432 年)，这也是新艺术的第一尊裸体雕像，其表现人体结构的成功，被认为可直追希腊古典，甚至有所超越。超越，即指其对人体了解的科学程度，而这种科学程度，恐只有通过解剖学的途径才能达到。文献中有明确记载的事例，就是多纳泰罗为制造《加塔梅拉达骑马像》，而对马的尸体多次亲自解剖，使雕像的坐骑形神兼备，空前精确生动。但这尊骑马像距《大卫像》的裸体雕刻已晚了 10 余年(作于 1445—1450 年)，当时解剖学的研究已备受赞扬了。若以《大卫像》的人体和《骑马像》的马体旗鼓相当而论，也可反证多纳泰罗很早(至少早于《骑马像》10 余年)就已经开始进行人体解剖研究了。类似的情况出现于马萨乔的绘画中。他画中的裸体形象，无论是被逐出乐园的亚当、夏娃及神圣的十字架上的三位一体的基督，还是那位全身一丝不挂跪在溪旁接受圣彼得洗礼的青年，其非凡的人体表现的成功也应归功于由于这种解剖学而对人体的科学了解，何况这些画都作于 1425—1429 年，比多纳泰罗还早 5～7 年。在这三位大师的带头之后，15 世纪后半期，佛罗伦萨艺术家热衷于人体解剖研究之风愈演愈烈，完全奠定了这项科学技法在新艺术中与透视画法同等重要的基础地位。简单地说，艺用解剖无非通过解剖以熟悉人体结构，因此，解剖实习越多，熟悉程度越高，就会熟能生巧，有力促进艺术创作的现实主义表现。15 世纪后期的佛罗伦萨画家卡斯塔尼约(1423—1475)、画家兼雕刻家波拉尤奥(1429—1498)和达・芬奇的老师韦罗基奥(Vellocchio，1436—1488)都是公开多次进行人体解剖而在这方面取得突出进展的代表。至于达・芬奇，他一生进行人体解剖的次数竟多达 35 次以上，米开朗基罗做人体解剖也有数十次之多，从而促成了他俩人体表现上空前绝后的成功。当然，无论是透视画法也好，人体解剖也好，这类科学技法的运用，还得服从艺术表现的需要。在达・芬奇和米开朗基罗那种“高于生活，胜于自然”的盛期艺术中，科学技法的运用绝非机械而是异常灵活的。最著名的例子可举达・芬奇那幅被誉为世界名画之冠的《蒙娜丽莎》，凭他对人体的透彻了解，达・芬奇在画像中仅在女性嘴鼻眉目之间传神之余巧做安排，就画出了蒙娜丽莎蕴意无穷神秘至极的微笑。

达·芬奇的神妙在很大程度上得力于他空前绝后地把科学解剖与艺术加工紧密结合。

达·芬奇不仅是文艺复兴时期最伟大的艺术家，也是当时最伟大的科学家，他的艺术生涯典型地反映了新艺术与科技发展的互动关系。从根本意义上说，这时处于起步阶段的自然科学首先要对自然界进行精密观察和记录，包括图画和文字记录，并据此作出合理与科学的推论。新艺术得科学技术之助，当然也会反过来为自然科学所要求的观察记录贡献一臂之力；与此同时，新艺术对科学技术的兴趣与日俱增，像布鲁乃列斯基那样的艺术家广泛开展数学、几何、物理、化学各学科的研究，尤其在技术上有众多发明，不失为推动科技发展的一支生力军。达·芬奇的一生在这两方面都取得了非常突出的成就。我们曾这样评价他："达·芬奇对于许多科学都有深厚的兴趣。他对解剖学、生理学、地质学、植物学、物理学和应用技术、机械设计等更是注意。他不迷信权威，敢于用实际的研究成果来批判前人的错误。他解剖尸体次数很多，观察十分细密，论述也很周详，远远超过同时代的艺术家和医学家。他是历史上第一个正确、全面地描述人体骨骼和摹画了人体全部肌肉组织的人。在神经和血管系统方面，他也有许多发现和论述。他还研究过各种岩石的构造、地形的演变和古生物的痕迹，最早确立了关于地质学和地史学的概念。在物理学方面，他的有些具体设想和推论也很是惊人。例如捉摸到重物总是以最短途径投向地心的规律。这对后来的地心引力论是天才的启示。他在光学、静水力学等方面的新发现，也是很著名的。关于天体，他曾有"太阳不动"的想法，也可以说是哥白尼学说的一个先驱。达·芬奇在技术和机械的设计发明方面，就更带有现实意义。他在写给米兰公爵的自荐信中，声称自己能制造各种类型、用途和特性的桥梁；各种攻城机械和水攻设备，用于摧毁特殊坚固堡垒的设施；轻便有力的掷弹机、灵巧无声的偷袭车和重装备战车，重型掷弹机，用于海战的攻守军械；各种民用建筑和水利灌溉工程；等等。他所说的这种种设计制造绝非空谈，而且有些设计的详细方案也流传至今。达·芬奇不止一次地设计桥梁、灌溉工程、堤坝、城堡、道路的施工和结构方案，有些是准备实际应用的具体项目，有些则是理论性的探讨。最有意义的是，他所设计的用在生产上的一些机械，例如设计了一种可以连续不断纺纱的纺车，解决了手摇纺车操作易中断的毛病；设计了一种磨损率最小的齿轮；设计了各种高效率的起重机，其中一种还附有装置在木制轨道上的轮车；设计了制造螺旋的车床和冲压定型钢锭的机器；等等。使人们最感兴趣的是他飞行研究和飞行器设计，他准备制造一种人工翅翼的飞机……。"①这份清单足以令人眼花缭乱，但他曾经思考的、令现代人大吃一惊的发明还远不止这些，例如降落伞、潜水艇、螺旋推进器等。近年来，最新发现的还包括他设计的一种和现代自行车非常相似的前后两轮车以及由发条推动的快速跑车。他在十五世纪八九十年代和16世纪初年广泛展开的考察、研究、思考和发明，确实使他成为近代自然科学曙光破晓之际最辉煌的代表人物。由此，我们也就可以充分领悟到新艺术与科技联盟的伟大历史意义。

① 朱龙华：《意大利文艺复兴的起源模式》，人民出版社，2004年版。

第二章　祭坛画艺术

第一节　祭坛画，旧与新

位于威尼斯卡斯特罗的圣安东尼奥教堂的修道院长弗朗切斯科·奥托本(Francesco Ottobon)，为了使他的僧侣同胞免遭瘟疫袭击而向上帝祈福，在祈祷过程中他睡着了。突然，他进入了一个生动的梦境，在梦中，1 万个早期基督教的殉教者身着齐整的教会服装，手持十字架进入教堂接受圣彼得本人的祝福。队伍行进完毕之后，他听到了一个神秘的声音，这个声音告诉他："不要怀疑，继续忠实于上帝，我下令，所有这些(殉教者)都代你们祈祷，你们会在即将到来的危险中得以幸免。"后来他没有一位同事感染瘟疫，于是他要他的侄子订制一个气势堂皇的祭坛，并用昂贵的大理石作为框架，以感谢殉教者们的帮助。祭坛画的中央部分由维托雷·卡尔帕乔(Vittore Carpaccio)绘制，表现了天国圣徒们受磨难而死的场景。这个修道院长一定还请卡尔帕乔为这个新的圣坛创作了另一幅画，在这幅画里，完成于 1515 年的新祭坛画和他最初的梦境被合二为一。

在这一教堂的内景中还能看到另一些虔敬的信徒送来的还愿供奉物，比如两只挂在屋椽上的航船模型，就是在海上遇险时经过祈祷而得到神助的海员供奉的。画中教堂的侧壁上还有另外两幅祭坛画，但不清楚这两幅画是作为对以往得到神灵恩惠的谢礼，还是捐赠者预料到自己大限将至，因此捐赠祭坛画以祈祷死后自己的灵魂得到拯救。无论是出于什么目的，三幅画的捐赠人都不会认为这些作品仅仅是静态的、装饰性的图画，仅因其美学特性而用来供人欣赏；相反，这些作品是用来积极配合定期举行的弥撒仪式的。仪式就在画前举行，通常这些弥撒活动正是由这些捐赠人给予经济支持的。换句话说，捐赠一幅祭坛画也意味着另外还要捐赠一笔钱，以资助神父在画前永久性地为捐赠者作弥撒——或者至少是在捐赠的钱用完之前。

根据修道院长奥托本的梦境所做的画引起了艺术史学家的特别关注，因为它从视觉上直观体现了 15 世纪时祭坛画在设计上的发展变化，虽然不是功能上的改变。这幅在 16 世纪早期由修道院长的侄子委托订制的祭坛画是一幅布面油画，它表现了一个单独、统一的叙事场景，画作被放置在典雅的仿古典建筑的框架中。两幅早期的祭坛画，可能创作于 14 世纪或 15 世纪早期，风格则截然不同。这些作品不是将人物放在自然景观中，勾勒单一中心的场景，而是在镀金背景上刻画多个圣人的半身或全身像，每个人像都画在单独的木制镶板上，可能是蛋彩画。不同于后来的祭坛画边框所采用的古典式几何圆柱、圆形拱顶以及三角墙，这两个早期的多联画屏（这么称呼是因为它们由分成许多格的画组合而成）把人物放在单个的尖拱结构之下，类似于中世纪建筑（比如它们本来被安放的教堂）中的拱门。

在 15 世纪，不仅是祭坛画的结构有了改变，同时代人对这些作品的评价方法也有了变化。虽然对于这两幅多联画屏的制作来说，艺术家的技巧显然是重要的，但这些作品当时的赞助人和观者同时还会看重制作材料的贵重，比如金箔的采用，或者圣人形象的长袍上使用的从中东进口的青金石粉末制成的珍贵的群青色。的确，15 世纪时赞助人和艺术家之间的契约往往详细规定了所要使用的昂贵颜料或黄金的质量和数量，但是，由于艺术家及其赞助人越来越渴望更自然地刻画人物和场景，镀金背景的采用显得越来越老气了。同时，以令人信服的写实方法描绘人物和背景的能力变得更为重要，加上人们对于风格和作品革新本身的兴趣日益浓厚，这些都意味着艺术技巧和独创性的价值在更有革新头脑的赞助人眼中开始变得高于所使用的材料本身。

15 世纪早期佛罗伦萨的建筑家、雕塑家和艺术理论家莱昂·巴蒂斯塔·阿尔贝蒂（Leon Battista Alberti）清楚地描绘了这一从材料到艺术本身价值的渐变："有些艺术家在绘画中使用大量的黄金，因为他们认为这会使作品显得高贵：我不赞成这种观点。即使你画的是维吉尔（Virgil）笔下的狄多（Dido）——她披戴着金箭，金色的头发上系着金色的发扣……她的套马索全都是金的——尽管如此，我仍然不赞成艺术家使用任何黄金，因为使用朴素的颜料刻画金子的光芒会给艺术家带来更多的崇拜和赞誉。"①

事实上，阿尔贝蒂最欣赏的艺术家确实只使用"朴素的颜料"来越来越精确地表现自然世界和人体结构，同时采用逼真的三维空间手法刻画建筑物和建筑空间。我们将在第四章中对此进行更为详细的讨论。

第二节　意大利的祭坛画

在佛罗伦萨的圣路加·德·马格诺里教堂发现了新风格祭坛画，大约于 1445—1447 年绘制完成。可能是为了代替一幅旧的有着镀金背景的多联画屏。虽然作品的三跨建筑结构仍然有着老式的带拱门结构的三联画的痕迹，但艺术家显然想要表现与观者处在一个统一空间的场景，就如同是对观者所在空间的延续。画面中的左起第二个人是施洗礼

---

① 莱昂·巴蒂斯塔·阿尔贝蒂（1404—1472），意大利建筑师、建筑理论家。所著《论建筑》为当时最具当时最富影响力的理论著作。初版于 1435 年，以拉丁文撰写而成。

者约翰，他向外凝视的眼神以及手的指向进一步强化了画中人物形象与观者之间的联系，他似乎在亲自邀请我们去朝拜我们眼前的圣母玛利亚和圣子。

乔凡尼·贝利尼(Giovanni Bellini)画于1478年以前的《圣约伯祭坛画》对建筑空间的描绘甚至更为真切。这件作品的制作是为了满足赞助人在虔诚信仰和社会作用方面的需要。它的赞助人是圣约伯协会的成员，该协会是一个慈善组织，也是威尼斯富有市民的社交“俱乐部”。贝利尼在描绘这个几乎是三维的礼拜堂的闪光半圆屋顶时，没有用真正的金箔，而仅仅采用了阿尔贝蒂推崇的“朴素的颜料”(尽管他使用了闪亮的油画颜料，而不是圣路加教堂祭坛画中那种更无光泽的蛋彩)。的确，贝利尼是那么坚持营造这种三维的感觉，他甚至在这一构图的上部画了一盏悬挂的灯。画中虚构的礼拜堂被神秘的圣光所照亮，这盏灯则在我们的空间和礼拜堂之间摇曳，似要湮没于黑色的阴影之中。

至于贝利尼为什么要采用这样的创新设计，原因之一在于威尼斯圣约伯教堂的地理位置，此画最初就悬挂在该教堂正殿的墙上。由于教堂的一侧有一条运河流过，教堂无法在建筑的这一侧建一个真正立体的礼拜堂。但是，无论如何，没有一个真正的礼拜堂能使得艺术家将赞助人的世界与祭坛画中所描绘的虚幻世界如此成功地连结起来。在这里，天堂般的幻景似乎是对我们所处的空间天衣无缝的延续。我们看到圣母庄严地抬手祝福聚集在祭坛前面的信徒。画面左边，几乎裸体的圣约伯双手合十为我们祈福，再往左，是富有同情心的圣方济各(这个教堂就是由他的修道会圣方济各会所负责的)，他向下伸出手，似乎是在亲自邀请我们参加这一神圣的聚会。

但拉斐尔(Raphael)的《西斯廷圣母》中，圣母的形象并不像是出现在一个真实的礼拜堂里，而像是有一扇巨大的窗户，从拉开的窗帘中，圣母玛利亚从天堂降临到我们眼前，向我们引见她心爱的圣子。然而相同的是，她的一个圣徒伴侣伸向画外的手势似乎是邀请观者进入这个场景。考虑到做这个手势的长着胡子的人是圣西克斯图斯，即当时的教皇尤里乌斯二世(Julius II)[①]已故的伯父教皇西克斯图斯四世(Sixtus IV)的守护神，这个手势越发有了特别重要的意义。正是尤里乌斯二世为意大利的皮亚琴察城的西斯廷女修道院的高祭坛订制了这一作品。在画面的底部，可爱的天使靠在窗沿上，而这个窗沿似乎存在于我们的空间和画面所描绘的天堂之间，由此这两个天使就有着特殊的信仰功能：他们充当着这个世界和下一世界的桥梁，因而修女们可以更直接地为死去的教皇的灵魂向圣母祈福。这幅作品原本就是为她们而订制的。这样，尽管今天我们会从美学的角度欣赏在德累斯顿画廊的这些美丽天使，但是只有将他们放到原来的环境中，用最初观者的“历史眼光”来看，这一作品非审美的方面，或更准确地说，审美以外的方面才变得明显起来。

---

① 尤里乌斯二世(1503—1513)，在位十年，为教皇史上第218位教皇，被教廷认为是历史上最有作为的25位教皇之一。他是一位名实相符的政治教皇，而他在艺术方面有不可泯灭的贡献，他任用米开朗基罗、拉斐尔、布拉曼特等人从事美化梵蒂冈的工作，策划圣彼得大教堂的重建工程，他还以本人形象作为蓝本雕刻摩西像。

第三节 北方雕刻和绘制的祭坛画

使用创新的视觉手段来进一步发展祭坛画由来已久的宗教、社会甚至偶尔的政治功能，这一兴趣在北欧艺术家的作品中也有所体现。在15世纪以及16世纪的早期，德国和低地国家的艺术家及赞助人在保持中世纪以来祭坛画的传统版式的同时，开始发展出新的视觉和意象策略。这样，不同于意大利从多联画屏转变为独幅的、有着中央绘画场景的祭坛画，艺术家们如马蒂亚斯·格吕内瓦尔德(Matthias Grünewald)在大约1513—1515年创作《伊森海姆祭坛画》、蒂尔曼·里门施奈德(Tilman Riemenschneider)在大约1499—1505年创作《圣血祭坛》时都继续使用了中世纪的带翼祭坛画作为他们最基本的结构单位。这里的祭坛高架上既可以是绘画，也可以是雕刻，由一组居于中央的人物形象构成，后来发展为单个的人物形象。这两种类型都在两侧带有窗板式的侧翼，平时可以关上以保护里面的部分，在特殊的宗教节日里打开。

虽然这些祭坛画的结构大致上是对中世纪祭坛画的继承，但事实上它们越来越多地追求物质和心理上的逼真，而且开始选择统一的画面场景来取代单个圣徒像的陈列，这种现象明显是与意大利祭坛画的发展相一致的。在《伊森海姆祭坛画》中，最里面的中央核心仍然是由单个的镀金圣徒像组成并陈列在一个精致的、哥特式风格的画框里，但覆盖和围绕这些人像的三个侧翼和两块中央画板在风格和精神实质上都截然不同。在这些画板中，采用了油画来描绘关键的祈祷者(包括圣母玛利亚)、复活的基督以及祭坛画最外"层"的中央画面上可怕的基督受难场面。在这里，基督的身体上布满了不断渗出脓水的伤口，他那爆裂的嘴唇被抹上了代表死亡的干枯蓝白色。然而，这个令人震惊的逼真画面对于当时的观者来说并非不合适。那些身患绝症的朝圣者来到伊森海姆(位于阿尔萨斯地区，今天的法国和德国边境)为一种被称为"圣安东尼之火"的可怕病痛寻求灵丹妙药。这是一种会改变病人形体的真菌疾病，它会使患者的肢体由于坏疽而变黑、变青，最后脱落。对于这样的观者来说，看到用极度恐怖的细节所描绘的死去的基督，可能意味着他们的救世主也能感受到他们的痛苦，总有一天他们会像基督一样重生，重新拥有完美、完整和健康的身体。

里门施奈德创作的、放置于德国南部罗腾堡的《圣血祭坛》没有采用具备高度描绘性的油画手段作为媒介，而是利用了椴木的特殊材质以及圣雅各布教堂的光照条件来吸引观众。至今这幅祭坛画仍然存放在该教堂。里门施奈德不像他的前辈和许多同时代人那样将祭坛画涂上明亮的颜色，他的罗腾堡祭坛画的木雕人像和浮雕只是抹了一层褐色的透明釉，这种统一单色调画面中唯一的例外是人物瞳孔都点上了黑色，他们的嘴唇都罩上了一层薄薄的淡红色釉。就像格吕内瓦尔德的作品最外层的中央画面一样，这个祭坛画的中央部分也聚焦于单幅、统一的叙事场景，这个场景立体地表现了最后的晚餐，正中间是出卖基督的犹大。通常来说，如果要给木雕涂上明亮的色彩，事先必须抹上厚石膏。里门施奈德避免了这种方法，他利用椴木的柔软和柔韧性雕刻出比不透明的色彩厚涂层看起来更好和更逼真的细节。为了使这一场景更为生动，他在《最后的晚餐》浮雕后面采用了厚实、透明的玻璃圆板而不是通常采用的实心木背板，这样祭坛后面的高大窗户透进来的自然光就成了画面叙事场景中活跃的、不断变化的组成部分。

除了中央画面《最后的晚餐》外，祭坛画的下部最初也是城市最珍贵的圣迹收藏所在地，据说是基督自己的一滴血。当然，正是在最后的晚餐上，基督创立了圣餐的典礼，包括以他自己的血作为酒让圣徒们饮用。选择这个主题作为祭坛装饰的中心画面最适合体现祭坛的圣物箱功能，这种功能在作品赞助人、罗腾堡市议员的心目中也是至高无上的。里门施奈德的这件作品在视觉和材料使用方面的创新同样是为了配合他的赞助人的需要，而不是主要为满足抽象的审美需求。

按最初的约定，制作这个神龛似的框架来安放里门施奈德的雕刻的木匠应得到 50 弗罗林的工钱，雕塑家本人的报酬也是同样的数额。只是在祭坛完成之后，后者的报酬才增至 60 弗罗林，这是因为他工作出色而得到了额外的奖金。但是，“纯粹的”木工活与我们今天所认为的艺术作品有着几乎一样的价值，这个事实很有启迪意义。的确，这一报酬标准证实了议员们的首要目的是制作一个引人注目的、具有宗教功能的复合作品来提高城市的声誉，从而吸引更多的朝圣旅游者以及他们的消费力来到罗腾堡朝拜他们珍贵的圣迹。从这个角度来看，赞助人对于能确保城市的主要景观被适当“包装”的木制神龛的重视，丝毫不亚于他们对于祭坛画里感人和有着审美意义的雕塑的重视，这种做法就很有道理了。

第四节　拉斐尔《基督下十字架》的创作意义

在宗教改革前的祭坛画中展现的革新形式和意象策略可以与这一类型长期存在的宗教和社会功能联系起来。我们在本章最后讨论的一幅作品，即拉斐尔创作于 1507 年的《基督下十字架》，也强调了这一点。在形式的层面上，这幅画表明艺术家有着非常成熟老练的构图技巧，而且他能轻松地参考古代材料中的图像资料，比如刻画死去的英雄墨勒阿革(Meleager)被抬去埋葬这一场景的罗马石棺浮雕。同时，创作这幅画的故事还证明：一幅文艺复兴时期的祭坛画能承载广泛的意义，宗教的、个人的甚至是政治的意义都可以嵌入其中。而当一件作品被陈列在画廊的墙上，远离它原来的背景环境时，上述这些意义往往被遗忘了。

这幅祭坛画是由一名贵妇，即佩鲁贾的阿塔兰忒·巴黎奥尼订制的。阿塔兰忒在年轻时就成了寡妇，从此再未结婚，她成了家族的首领。重要的是，这意味着她掌管着家族的财富和收入，对于这个时期的妇女而言，这是一个不寻常的地位，而这样的地位也使得她能够独自决定雇用这个雄心勃勃的年轻艺术家。在阿塔兰忒委托订制这一作品的时候，佩鲁贾是一个充满暴力的城市：不仅这个城市正在与邻城发生军事冲突，而且在城市内部，统治阶层的不同宗族间也经常产生血腥冲突。而巴利奥尼家族所面对的，不仅是与其他家族的斗争，而且还包括本家族的内讧。其中最为臭名昭著的事件涉及了阿塔兰忒的儿子格里福内特(Grifonetto)。1500 年，他试图在一个家族婚宴中谋杀亲戚中所有的男性长辈。许多姻亲都被杀死，但那些在这场大屠杀中幸存下来的人却发誓要向这个年轻的新贵复仇。然而，在他的母亲拒绝将他藏在她的房间里之后，格里福内特设法逃走了。后来当格里福内特回到佩鲁贾，打算乞求他的亲戚宽恕他时，他立刻被一个愤愤不平的姻亲连刺数刀。阿塔兰忒冲到她临死的儿子身边，但她并不是要给他任何母爱的宽慰，而是冷冷地命令他宽恕刺杀者，以此来向公众证明在她心目中，家族的荣誉高于母性本能。

但是，几年以后，阿塔兰忒觉得必须做点什么来纪念她死去的儿子，也许是试图为她在儿子需要她时所表现出的无情行为作出补偿。这样，她决定请拉斐尔回到这个城市为她画一幅壮丽的祭坛画——拉斐尔在移居佛罗伦萨之前曾在佩鲁贾工作过几年。阿塔兰忒的祭坛画并不是一组圣徒静像，而是表现了死去的基督被哀悼者围绕，将要被抬入坟墓的叙事性的痛苦场景。拉斐尔所创作的复杂的视觉形象以及优雅交错的人物有节奏地穿过画面的前景，犹如古典浮雕的场景，而在这里，母亲对于儿子悲剧性死亡的哀悼终于得到了实现。的确，在画面的右边，圣母玛利亚已经不堪悲恸而晕厥，也许，对于阿塔兰忒来说，这是为了从视觉上宣泄她 7 年前失去儿子时在公共场合下压抑的悲痛感情。无论如何，这幅祭坛画是作为阿塔兰忒想要为她儿子的灵魂祈祷，或者，含蓄地为她自己在将来得到拯救而安排的纪念性弥撒的永久性视觉体现。

拉斐尔在创作这样一幅感人图画时所表现出的技巧和独创性对于其成功显然是至关重要的。的确，在这幅作品中，拉斐尔似乎力图在艺术上取代被认为是他老师的本地画家佩鲁吉诺(Perugino)，后者在 12 年前曾创作了一幅类似主题的祭坛画。他也想超越他自己早期的作品，包括在佩鲁贾为巴利奥尼家族的主要敌对者——奥迪(Oddi)家族的女性成员所画的祭坛画。但是，从根本上说，正如我们在本章涉及的许多其他例子中所看到的，拉斐尔在《基督下十字架》中表现出的不容怀疑的艺术才能首先和最主要是为了满足赞助人的要求，而不是满足我们今天所理解的“艺术”这个词的标准。因此，在原来的背景中，这些祭坛画远非仅仅是美丽的画面，而是信仰、社会甚至政治要求的复杂交汇物在视觉和物质上的具体体现。15 世纪和 16 世纪早期最成功的艺术家都力图以新的甚至更为革新的方法来满足这些要求。

在整个 16 世纪以及之后，起源于中世纪多联画屏和带翼装饰的祭坛画传统，在意大利、法国、西班牙和北欧的天主教地区延续下来。但在 16 世纪早期被新教改革运动席卷的城市和地区，这个传统被突然甚至是暴力地中止。马丁·路德等宗教改革者在仔细审视了《圣经》中关于禁止制作“偶像”(《出埃及记》20：4—5)的明确戒律之后，开始辩论说：关于圣人和《圣经》故事的图像不应该出现在教堂里，可能甚至都不应该出现在信徒个人宗教活动的场所。这个观点的根据还在于历史上长期以来对宗教画和雕像的滥用，虽然在几个世纪中反复有禁令发布，但是把圣像和圣人雕塑当成圣人本身(而不仅是圣人的画像)来崇拜的现象一直存在。有的改革者允许某些类型的宗教形象在严格限制的条件下继续作为信仰的辅助工具,而另一些人则不仅禁止制作任何新的宗教艺术品,而且还系统地毁坏所有已存在的圣像和圣人雕塑,祭坛画就是他们攻击的中心目标。1566年,一个英国目击者描述了在安特卫普大教堂发生的这样一次破坏行动(安特卫普是荷兰南部的主要城市之一,在今天的比利时境内):我进了教堂……它看起来就像个地狱,仿佛天堂和大地都一同消失了,只有倒下的雕像和摔落的昂贵作品……所有的一切,都毁灭了!(这曾是)欧洲最华贵的教堂;他们把这个教堂破坏得如此厉害,甚至都没有留下一个坐的地方。由于各地宗教原因以及政治环境因素,这样恶性的圣像破坏运动从16世纪30年代开始出现在北欧的不同地区,不仅导致了数个世纪的各种宗教艺术品(包括无数祭坛画)遭到彻底破坏,同时也急剧减少了艺术家的工作机会,而这些艺术家以前主要依赖大量的祭坛画订货来维持生活。在大约1520年之后的北方新教区,艺术制作不再是一个好的职业选择,除非艺术家愿意从事通常是小规模且低报酬的绘画创作,比如我们要在第三、四章里涉及的肖像画。但是对于在天主教地区工作的画家和雕塑家来说,祭坛画传统则成功地延续了数个世纪。

第三章　早期意大利文艺复兴绘画

意大利文艺复兴的美术兴起于托斯坎纳地区的城市。这里是意大利新经济和新政治最发达的地区，也是新文化和新意识兴起之地。在这种情况下，托斯坎纳地区最先进的城市佛罗伦萨，不仅是初始期文艺复兴(Proto-Renaissance)艺术的发源地和最大中心，而且也是其后的早期文艺复兴(Early-Renaissance)和盛期文艺复兴(High-Renaissance)艺术的最大中心。但是，若探究文艺复兴新艺术的起源，我们还得注意其他几个托斯坎纳城市的发展，因为佛罗伦萨是在和它们的交流与互动中作为后起之秀夺冠的。这些城市包括比萨、锡埃纳和新教派——方济各(一译法兰西斯)教派的发源地阿西西。因此，早在13世纪，阿西西城便出现了主张与"贫穷联姻"，反对"牧师有地产，主教有封地，修士有财产"的圣方济各教派。由于该派用一种较简单活泼不艰涩的方式、普通的方言布道，而且布道的主题描绘生动，特别是用从圣人生活中选出来的事件做例子，听者易懂。这不仅"刺激本土文学的成长"，更符合新兴资产阶级对教会的态度。同时，"以方言布道对视觉艺术的影响同样深远，创造了对生动易懂的图像的需要"。① 近年的研究还表明，方济各教派的教士同时也是进步的经院哲学家罗杰・培根(1214—1294)在其著作中不满于中世纪艺术的抽象化的僵硬死板，要求新艺术家面向自然和学习欧几里得几何学中有关透视法的理论。其书曾于1268年献给罗马教皇，对13世纪后期意大利艺术界有一定的影响。因此早在13世纪，一些艺术家就开始了一条学习古典风格、摆脱中世纪模式的艺术探索之路，也就形成了仿古创新的特征。而托斯坎纳的城市则是最先踏上这条仿古创新艺术探索之路的开路先锋。

在托斯坎纳的城市中，以海运业著称的比萨，首先在雕刻艺术方面开风气之先河，其代表人物就是尼古拉・比萨诺(Niccolo Pisano，1205—1278)。尼古拉・比萨诺的著名作品比萨洗礼堂的讲经坛高出地面约3米，以7根圆柱支撑，坛呈六角形，一边连着楼梯，其余5边各雕刻有5块栏板。从形式上看，柱子已开始采用古典的科林斯式柱头，不过柱间拱门还带一些中世纪哥特式的特色。但是，在表现《圣经》故事的5块栏板的雕刻上，尼古拉・比萨诺却大胆地摆脱了中世纪的模式，而直接以古典为师，主要是仿照哈德良时期雕

① [英]修・昂纳，约翰・弗莱明：《世界艺术史》，吴介祯译，南方出版社，2002年版。

刻的精美石棺和其他文物的浮雕形象来塑造他的圣经故事，其中最突出的一件是《基督诞生》。该浮雕仿古创新的风格首先表现在画面的布局上。整幅浮雕的画面表现了三个连环故事：画面左上角为“受胎告知”，即天使向玛利亚转达“因圣而孕”的上帝的旨意；画面正中是“耶稣诞生”；画面右上角为“牧人来拜”，即牧人受星光启示，得知基督已降生，特来马槽向圣婴礼拜。这样的布局突出了浮雕的中心主题——圣母玛利亚在马槽旁生下基督的故事。因为这一内容不仅被置于画面的中心，而且一个故事就占据了画面的一半。通过布局不但把三个故事有机地联系了起来，突出了主题，而且在有限的画面空间中容纳了众多的与故事相关的人和物，使画面虽显拥挤却不零乱。这是中世纪画面平面一字排列的绘画布局无论如何也表现不出来的。该浮雕的风格还表现在直接学习古典上，紧紧抓住主要任务——把圣母玛利亚塑造成一个有血有肉的人间妇女。诞生的主题借玛利亚产后卧床的姿态表现出来，并且占据了整幅浮雕最重要的位置。其他任务、情节都像众星捧月般在她的上下左右展开，虽然显得有点拥挤，但任务形象强调的艺术表现力却跃然纸上。玛利亚卧床的斜倚姿态不仅完全仿照罗马墓碑中贵妇形象(此墓碑当时就放在洗礼堂对面的比萨大教堂的墓地中)，而且借鉴了拜占庭的象牙雕像和镶嵌画。玛利亚的脸型、所披袈裟、衣服的皱纹，使罗马式的特征更为明显。在这里，尼古拉使圣母玛利亚完全成了罗马的贵族妇女。所以威尔·杜兰[①]在《世界文明史》中甚至认为，尼古拉刻刀下的圣母像是罗马女监护官的样子。可是这种学习古典，决不仅限于形式上的抄袭，而在于古典的人物形象本身，在于把其肯定生活、肯定现实的精神实质融于形式之中。玛利亚呈现仰卧抬头的高贵姿态，脸上所表现出来的那种自豪感，眼望远方，似乎在思考儿子的未来的表情……尼古拉·比萨诺雕刻的圣母玛利亚披着古典袈裟强烈地体现出古典精神：她的神圣与高贵不再是中世纪圣像画那样凭光轮、圣容与十字架来标志，她的形体显示出有立体感、重量感、人情感的真实人的形象。这是以往几个世纪以来意大利雕刻艺术中从未有过的。尽管尼古拉的刀法不无笨拙粗糙之处，构图也有疏略的地方，但他的圣母浮雕却对有新时代躁动感的意大利人很有感召力，人们认为这就是新艺术最初的萌芽。

通过对尼古拉作品的深入研究，我们可以发现尽管他学习古典一炮打响，但在当时具体情况下，他的艺术和中世纪还有很多联系。例如，在这座讲经坛的5块栏板浮雕中，除了《基督诞生》和另外两块《三王来拜》和《进入圣殿》有学习古典的特色外，其余两块《基督受刑》与《最后审判》就保留了较多的中世纪的模式，只在个别次要人物上有学古倾向，而整个讲经坛的结构也有明显的哥特式色彩。尽管新艺术明确认识到它与古典艺术的密切联系，它和旧艺术的关系却不像它自身标榜的那样对立和决裂。实际情况正好相反，新艺术与旧艺术在对立之中仍有所继承，在决裂之时也不乏千丝万缕的联系，并不像通常所想的那样简单。在中世纪后期艺术——哥特式艺术的发展中出现的某些学习古典、加强写实的倾向，却是与新艺术有异曲同工之处，有的甚至是新艺术发展的途径之一，所以新艺术发展的道路主要还是从旧艺术中脱胎换骨改造出来的。古典是向导、是启示，但经历了

① 威尔·杜兰(Will Durant, 1885—1981)，美国麻省北亚当姆人，偕同夫人投注毕生精力从事《世界文明史》的著述。

中世纪近千年的时代断层之后，它又太遥远，完全属于过去了。所以新艺术的立足点仍是中世纪的传统，它是要对这个旧传统进行扬弃和提炼，其结果便是恢复古典——文艺复兴新风格的出现。从这个角度看，文艺复兴新艺术和中世纪旧艺术的联系几乎和它与古代希腊艺术的联系一样密切，更不用说在具体内容上新旧艺术还有一个很大的共同点——他们都是基督教艺术。正如尼古拉以及日后所有文艺复兴艺术家的作品所表现的，它们的题材主要是取自基督教的《圣经》和圣徒的故事。

这些情况表明，当尼古拉从意大利南部来到中部的托斯坎纳地区的佛罗伦萨附近的比萨时，他就从中世纪后期的环境来到具有近代萌芽意义的新社会中，因此他的艺术倾向的意义主要不在于与过去的联系，而在于对未来的指引。尼古拉仿古典风格尽管有其幼稚简单之处，却以其强烈的倾向性显示出惊人的具有生命力的复兴古典的风格。因为日后历时 3 个世纪的意大利文艺复兴艺术，就是在复兴古典旗帜下使艺术的发展获得一个又一个胜利。尼古拉的仿古典风格不仅在西方美术史上，而且在世界美术史上都具有伟大意义。尼古拉的学古创新的艺术，在比萨和托斯坎纳地区打响第一炮之后，整个文艺复兴也随之启动。1260 年比萨洗礼堂讲经坛浮雕大功告成之时，其他文化部门的学古创新尚未开始，从而表明艺术在整个文艺复兴运动中一直是起着领先作用的，这在世界历史上也是少有的现象。之所以如此，恐怕与艺术在学习古典方面最易见效、最为直接有关，它不像学习古典文学和学术著作那样存在着语言问题(当时意大利人已不懂希腊文，拉丁文也只是极少数人掌握的书面语言)，况且普通群众主要还是从艺术作品上感受新时代的气息。只有艺术最能雅俗共赏，新作一出，影响立见。尼古拉的作品不但受到比萨市民群众的热烈欢迎，而且在银行业发达的锡埃纳城也同样大受欢迎。他们请尼古拉为锡耶纳大教堂刻制了一个更为华丽的讲经坛，就是这种影响的最好证明。

乔凡尼·比萨诺(Giovanni Pisano，1265—1314)是尼古拉·比萨诺之子，在艺术上深受父亲的影响，其雕刻也很著名。比萨的市民请他在比萨大教堂里面雕刻了一座可和他父亲在洗礼堂的作品媲美的讲经坛(1302—1310)。乔凡尼还是一位造诣很高的建筑师，他主持完成了锡埃纳大教堂的新修工程。由于这座大教堂还袭用哥特式风格，人们普遍认为乔凡尼比他父亲更能发挥这种风格的长处以适应新艺术的需要。也就是说，把哥特式已有一定基础的写实倾向，新艺术通过学习古典，进一步加强起来，达到某种类似于旧瓶装新酒的效果。所以，这个锡埃纳大教堂的新建筑虽然用了哥特式结构，也有众多哥特式的细部构造，但就整体而言却是浸润着意大利城市新风尚的美丽开朗的新作品。

如果说锡埃纳大教堂是浸润了意大利城市新风尚的美丽开朗的新作品的话，那么，佛罗伦萨大教堂和政府大楼则是即将取得划时代突破的新艺术的大杰作。它们的设计者是尼古拉的另一个高徒阿诺尔孚·迪·坎比奥。新艺术的最高峰之所以出现在佛罗伦萨，是因为它是托斯坎纳地区最先进的城市，是新经济、新政治和新文化的集中代表，阿诺尔孚艺术创造活动主要是在佛罗伦萨，因而他也最能体会佛罗伦萨市民那种大城市人的雄视当代的豪情。正是为了争取天下第一的美名，1296 年佛罗伦萨做出了彻底改建佛罗伦萨大教堂的决定，而他们选定的总建筑师就是这位集建筑家、雕刻家于一身的尼古拉的高徒阿诺尔孚。另外，佛罗伦萨政府还请阿诺尔孚负责新的政府大厦的建造。这座为共和国政府办公、开会服务的大厦，就直接筑建在一个已被推倒的城市贵族城堡楼的废墟上，这既有象征旧的中世纪政治势力覆灭之意，也代表着新的城市共和国威震天下的形象，共和国政府对这建筑要求之高自然也和大教堂不相上下。这些都是发生在 1300 年前后的事。所以，随着 14 世纪的到来，佛罗伦萨已通过这两座新建筑的大工程在新艺术发展大道上遥遥领先了。

按佛罗伦萨政府的要求，阿诺尔孚为佛罗伦萨大教堂新建筑做的设计确实空前宏大、雄伟，但也因此在他生前没能完成。或许因为实际的需要，他负责建造的政府大厦却紧锣密鼓进行得很快，在其生前基本建成。这座建筑物的特点是坚固高大、统一和谐、生动活泼。整个政府大厦主体是一座方形像城堡般的“办公大楼”。从城堡的总体结构来看，它固然不脱中世纪城堡雕刻的传统，但其建筑形象的宏伟和设计的新颖，却处处透露新时代的精神。整座建筑全由石料砌成，墙体粗壮结实；楼的主体连同它直插云天的钟楼总高为 94 米，足有一座 30 层的现代高层建筑的高度，气魄异常雄伟。而整个高 50 米的办公大楼只分为 3 层，每层都有十几米高；大厦里的房间、厅堂无论高层还是低层，每间都有四五层楼房那么高。它的统一和谐，首先表现在它的外观上，其钟楼的下半部采用和建筑主体的下半部同样的方形城堡形式，而中部、顶部与主体顶层的挑檐、垛口、土墙的结构相呼应，于是共同的建筑风格使主体和钟楼一起组成一座底基坚固、高耸入云的塔形建筑；其次是“办公大楼”的大门开在建筑物的右边，钟楼也不在建筑物的中轴线上，而偏右安置，这不仅表现出一种设计者和谐统一的设计思想，而且使整个建筑显得新颖、活泼而生动。这种生动活泼的特点，还表现在它的塔顶上：四根圆柱凌空架顶，柱间以半圆形的拱券分开，这不仅衬托了塔顶的高耸，而且四壁空墙的通透可使钟声远传，又与主体结实严密的风格形成了鲜明的对比，可见设计者别具一格的匠心。仔细研究这座建筑的特点，可以发现，它是通过仿古而创新的。粗壮结实的墙体、粗兀凸露的墙面采用了古罗马城防建筑形成；4 根巨柱按古典的科林斯式刻制，并配以古罗马风格的半圆形拱券；各层的拱窗、顶层的挑檐、垛口、女墙则带有哥特式建筑的风味等等，无一不来自对古典的学习。该建筑以古典表现新思想，可看作是为文艺复兴新艺术立下的一座丰碑。坚实的墙体、粗壮高大的钟楼，不仅显示出佛罗伦萨的经济实力，更表现了佛罗伦萨市民保卫城市共和国的勇气和决心；与主体统一和谐、高耸入云的钟楼不仅象征着佛罗伦萨人力争向上的精神，更象征着佛罗伦萨市民与政府之间唇齿相依的血肉联系。这座钟楼起着遇到紧急情况时，敲起警钟，号召市民拿起武器保家卫国的重要作用（当时佛罗伦萨实行民兵制，作战时由政府敲钟，市民自拿武器按行会或街区集合编队出击），却在建筑艺术中所显示出新颖、生动和活泼，不仅是建筑家在学古基础上的创新，更是建筑艺术上新风格头角的崭露。正因为如此，西方著名的文艺复兴史学家布克哈特评论它说：“它的单纯与雄伟，它那种对人的高贵与自立自强、自己管理自己的能力的凯旋般的肯定，都是为了表征这个共和国经过 13 世纪末的一系列内部斗争后取得的民政和谐的胜利。这座建筑可看作佛罗伦萨艺术即将进入它的一个伟大时期的序曲与导言。”而我们也曾指出这座政府大楼“以获得胜利的凯旋门般的自豪，成为所有同时代的城市政府建筑中最优秀的作品”。

雕刻和建筑艺术发展出现新风格的同时，佛罗伦萨以契马布埃（Cimabue，1240—1302）的作品为代表的绘画艺术也开始出现了写实的新因素，其作品有了进一步的立体感与空间感。但他更突出的意义是作为乔托的老师而使新艺术在佛罗伦萨从破土而出成长为参天大树。我们可以说，13 世纪在雕刻、建筑、绘画艺术各个领域发展起来的新因素和时代的新精神最终集中到了佛罗伦萨，集中到了乔托身上，并由他完成了意大利文艺复兴艺术由萌芽到壮大的过渡。

第一节　乔托艺术的伟大成就

乔托出现于佛罗伦萨艺坛，就像但丁出现在佛罗伦萨诗坛一样，是 14 世纪文艺复兴影响最为深远的一件大事。如果说但丁以文学形式开始歌颂社会的新思想和新精神的话，那么，乔托则把这种新思想和新精神，融入了他的视觉艺术之中。志同道合，使他们成为好朋友。乔托在佛罗伦萨的一幅壁画中留下了但丁的肖像；但丁则在《神曲》里以动人的诗句赞叹乔托鹊起的声誉。这种文学、艺术琴瑟和鸣的现象，不仅形象地说明了佛罗伦萨已成为文艺复兴文化的最大中心，也证明了艺术起着开启文艺复兴运动的重要作用。

乔托出生于佛罗伦萨北郊维斯宾雅诺的一个农民之家，据说他从小就喜欢画画，也善于观察。他少年牧羊时常对着羊群写生，竟有栩栩如生之态。有一天，契马布耶在去罗马旅游的归途中，惊异于这个小牧人的天赋，当即说服了乔托的父亲，把他收为徒弟带到了佛罗伦萨，在契马布耶的作坊当学徒（当时的艺术家都是在师傅的作坊完成学业的。这种制度，一直维系到文艺复兴末期），乔托的艺术生涯从此开始。乔托在契马布耶作坊学艺之时，正值佛罗伦萨文艺复兴艺术萌芽时，佛罗伦萨繁荣的经济、沸腾的社会生活、朝气蓬勃的政治空气，不仅使他大开眼界，而且深深吸引着他、影响着他；而处在新时代起点上的这个城市，也正需要像乔托这样较少受旧艺术影响的、来自基层的有纯正艺术禀赋的青年。也就是说，契马布耶只是把乔托引上了艺术之路，而佛罗伦萨却向着这个牧羊少年敞开了新艺术之门，使他在乡间田野磨炼出来的写实摹生的本领得到了更为广阔、深厚的发展空间，并融入其中。他本人不仅成为佛罗伦萨人民最喜爱的艺术家，而且也成了一个典型的佛罗伦萨市民，像但丁那样直言不讳、爱憎分明，同时又像一位成功的企业家那样，经营着自己的艺术作坊。从契马布耶门下出师后，他很快奠定了在佛罗伦萨画界的领导地位，因此，但丁在《神曲》里写道：“契马萨（即契马布耶——引者）想在绘画上立于不败之地，可是现在得到喝彩声的是乔托，因此，那另一个默默无闻了。”青出于蓝胜于蓝。乔托超过了他的老师，也超过了同时代的画家，这是因为此时绘画艺术中出现的新因素、新精神有益于并大大提高了乔托从少年牧羊时便获益匪浅的写生求实的手法。

我们可以从乔托和契马布耶两幅相近的祭台画《宝座中的圣母》的比较中，看到契马布耶在绘画技法上的推陈出新，以及乔托对老师技法的继承、发展和突破。这两幅画都是表现圣母玛利亚,她怀中抱着婴孩耶稣正襟危坐面对观众。契马布耶的《宝座中的圣母》全画高达3米多,作为新画种的祭坛画的宏伟气魄给人耳目一新之感。它来自推陈出新的画风:首先是人物的表情,圣母端庄之中略带温馨而显示出母爱;小耶稣稚气中,微显活泼;画面中其他人物姿态与表情也略有不同,以左下角老人的表情最为精彩,给人很多的想象,其次,画的布局虽仍采用对称法,但人物的姿态各有不同。观看画面,契马布耶仍没有走出中世纪宗教画的传统,圣母的形象仍以金线勾勒的衣褶来表现人物的形体,使人物缺乏体积和重量感;众天使姿态虽有不同,但表情呆滞且千篇一律;在构图上,作者虽力图追求深度感,画出了圣母宝座及座下的三座拱门。左右两拱门基本真实,但中间的大拱门,却显得模棱两可,即从以圆弧连接两侧拱门来看,它似乎是中央的大拱门,但从与圣母放脚凹台的关系看,他似乎又是凹台的延伸。这样一来,不仅建筑物的关系不明确,就连他们中间画的4个人物也失去了坚实的落脚之地。这幅画体现了传统和创新的混合,说明契马布耶已是从中世纪风格向新风格过渡阶段的新艺术家,但更重要的是,某些旧传统的存在并不能掩盖契马布耶的创新。瓦萨里称契马布耶的创新“为绘画投下了一线新的曙光”,佛罗伦萨市民也认为他传授了新时代的气息,美誉他为佛罗伦萨画派的开山鼻祖,原因就在于此。

我们再来看他的学生乔托同一内容的画。画面上首先映入我们眼帘的圣母是一个有着健康身体的年轻母亲,宽大衣服裹着的丰满身躯,挺直的腰杆、高高隆起的前胸,显示着年轻女性的特征与美丽。评论家们甚至认为,这是从中世纪以来西方艺术中第一次在圣母像中表现出真实的女性形象。乔托笔下的圣母不仅形象真实,而且拥有了一种中世纪的圣母像中从未有过的气质:她注视前方的目光、笔直的鼻梁、微微紧闭的嘴唇使人感到了她内心的平静和性格的坚强。无疑,乔托的圣母大大超过了契马布耶的圣母。和契马布耶的画比较,乔托的这幅画的成功还表现在画面上布局的空间处理上。乔托以圣母的座椅为中心,向前和向两边延伸,宝座前有三级台阶,尽管透视缩形仍不正确,却让人感到这是可以一步一步往上登临的真实的阶梯,从而使座椅和椅中的圣母有了落地生根的重量感;更为可贵的是,乔托很巧妙地用宝座两边镂空的屏板,通过板上圆框可透见站在椅子背后的两位圣徒,画龙点睛般地突出了整个画幅的真实空间感。在这一点上契马布耶更是无法与自己的学生相比。乔托根据他们位置的不同采用全侧、大半侧和半侧,且表情、姿态各有不同,这不仅使整幅画面有了动感,更加强了画面的真实性。尽管画中仍保留着宗教画的形象,如画中众天使在比例上比圣母小了许多等。两幅画相较,无论是在人物的形体、姿态、表情,还是整个画面的布局、画面的真实空间感的表现等方面,即我们所说的现实主义的表现方面,乔托都胜老师一筹。因此,如果我们把契马布耶称为新绘画序幕的揭幕人的话,那么,乔托就不愧为西方新绘画道路的开辟者。

乔托在艺术上发现了人,把人从神学图解的牢笼里解放出来,请入造型艺术的殿堂,这便是乔托艺术中的现实主义。它是通过具体的作品,以具体造型技法表现出来的,尽管这种技法相对还有较大的局限性,但它毕竟是一种创新、一种创造。所以,由乔托开创的这种现实主义,既体现着一种新精神,又意味着一种新的技法,或者说是新精神和新技法的结合,也就是说以人物形象的真实生动,来体现对人和世界的新看法,以展示人本身和现实生活之美,来反对宗教神学贬低人性的观点。这是什么?这就是新时代——文艺复兴时代的人文主义思想。由此可见,乔托艺术在表现现实主义的同时,揭示了新艺术的现实主义手法及其思想内容——人文主义的思想与内容紧密结合,也可以说这是技法与精神、形式与内容的密切结合。这正是文艺复兴艺术的一大特色。对有一些作品是否他的真迹,艺术史学界历来存在争议。但对于留存在帕多瓦的一组约作于1305—1309年的壁画,出自他之手应是无误的。该组壁画的创作,正值乔托艺术鼎盛时期,画保存得很完整,因此,历来被公认为是最能全面显示乔托艺术成就的杰作。组画作于帕多瓦城中的阿雷纳礼拜堂,是当时一位商人为其放高利贷的父亲赎罪谢神而建的,虽然形制简单,规模不大,但厅堂结构与壁画布局配合得恰到好处。厅堂呈长方形,入口在西,祭台在东,南北两边墙面完全用于绘制壁画,东西墙在入口大门和祭台之上也画满了壁画,只是拱形屋顶按当时习惯画成蓝天星斗图样,不属于乔托之笔。站在礼拜堂的厅堂里,就仿佛置身于气魄宏伟、场面丰富、氛围热烈的壁画世界:从教堂的入口到祭台分别在南北墙面横列成连环画的形式,总共36幅,加上在入口墙面和祭台及墙底部等部分壁画,总共在60幅以上。壁画表现的是圣母和基督的生平故事,按故事情节排列,不仅画面主题连贯有序,而且相邻的画面以构图连接。例如,《哀悼基督》和《不要碰触我》便是以一面山坡相连的;每一幅画都以蓝天为背景,和天顶的蓝天星斗融为一体;每一幅画都用仿造的紫红斑岩、玻璃和宝石镶嵌外框,内部空间依照古罗马的传统,宽角透视绘制,36幅画整齐划一,可以说,满堂的壁画无处不给人一种强烈的整体印象。这种印象,似乎只有现代电影才能和它相比,而它却是在700年前中世纪艺术刚被突破时,由乔托单枪匹马一手创作出来的。

乔托的创新精神,主要表现在绘画平面上给人以三维空间的感觉。为此,他采取了以下做法:一是描绘各种形体的结构,使它们显现出体积感和重量感;二是用结构的观念来描绘形体周围的"空间",使它显示出空气感和深度感,从而使画中的形体获得栖身之处,整个画面也就"真实"地出现在观众面前,正像我们在《宝座中的圣母》看到的那样。在阿雷纳礼拜堂的壁画,乔托把这两点发挥到了极致。为了突出空间感、真实感,乔托在这几十幅描绘基督故事的壁画中,普遍采用了新的构图原则:人物不论主次都在画的前景上横向地一字排开,画中站立的人物的眼睛基本与观众眼睛齐平,一般是在全画上下均分的中央线略低之处。这样一来,观画的人会有置身于画中的真实感,他似乎与画中人物站在同一地面上,画中情景就如身边事物般一一展现在眼前。这样的构图在中世纪的画中是从未见过的,更不要说把它贯穿、统一应用于几十幅连环壁画中了。乔托通过这种划时代的创举,使绘画从中世纪的神学图解变成了现实生活场面的逼真显示,再加上人物形体如古典雕塑般突出、明暗对比鲜明、远景清楚,全画可以用栩栩如生来形容。用西方著名评论家柏林生的说法,那就是为人物带来了"触觉的价值",令画中的一人一物,都有可以触摸的立体感。例如,《基督进入耶路撒冷》表现的是《圣经》中描写的基督最后一次进入耶路撒冷的景象。耶稣进入耶路撒冷时,他的布道也很受欢迎,市民群众把他当作圣贤先知隆重接待,少年们爬到树上为他摘下橄榄枝,妇女们脱下长袍铺在地上为他垫路,市民夹道欢迎的热情更是空前。在前景画面上，以骑驴的基督为中心，其他人物各分两组，一字排开，以位置错落高低表现出人物的空间；后景上，以相应缩小的树上的人物表现整幅画的深度感，再加上后景深蓝色的天空和高高竖立的白色建筑物的衬托，一个使观众在触视觉上感受到的真实空间便跃然于画面。这种空间加上活的人物，就构成真实的自然。画中的基督，稳稳地骑在驴子上，目光真诚地注视着前面的人群，略举右手向他们致谢、问候和祝福，显得无比得端正庄重。欢迎的群众场面热烈，他们铺袍垫路，鞠躬敬礼，举手致意，肃穆仰视，甚至爬上树折枝，以不同的方式表达着自己对基督的尊敬和欢迎，这种热烈的场面和基督的沉稳形成了鲜明的对照。正是通过这种强烈的对比，乔托把一个家喻户晓的宗教故事，奇迹般地布置成了一个"真实"的生活场景，显示出他高超的画技。

《哀悼基督》是阿雷纳礼拜堂壁画中最为悲壮的一幅，它表现基督被钉死在十字架以后，圣母和圣徒扶尸痛哭的情景。这个"哀悼基督"的主题，在拜占庭圣像中屡见不鲜，出场人物和基本动作已成定论，乔托做大改动已不可能。但他根据情节的需要，变一次排列法为多层一字排列法，采用细化个体、突出个性、动态构图的手段，把一幅多少已成俗套的宗教画变成人间悲剧的最为真切的展现。他首先以一字排开的构图原则把前景上人物排成三排：以躺着的基督为中心的一组为第二排，两个背向观众，面对基督遗体而坐的信徒为第一排，直身站立的为第三排，这样一处理，便分出了前景和后景，这不仅增加了画面前景的深远度，更为安排基督周围人物的不同姿态打下了基础。而人物的不同姿态，无论是背身坐、侧身坐、俯身、前倾还是直立，都是通过细化人物的服饰皱褶来表现的，衣服的皱褶衬托出人物的体积和重量，根据体型可以识别他们的性别。同时，衣服的皱褶和人物的姿态还个性化地表现出每一个人物——圣母、圣徒和信众面对基督的死亡的悲痛，而圣母则是这种悲痛浓缩的中心。为了把这种悲痛的气氛扩散到在整个画面中，乔托在画面的中间画了一条岩石斜坡。这斜坡也是乔托出色的一笔，它既是区别画面前后景产生空间效果的界限，同时山坡的一头，直指基督的头部，以集中观画者的视线，另一头向上延伸，而引出背景上深蓝色的天空，引出天空中翻飞号啕、悲痛欲绝的天使。细看这些天使，乔托大胆采用了透视缩形，使他们像鸟儿那样轻飘而无拘束，悲痛的表情极端而无章法，似乎向天、向地、向整个世界宣布这个噩耗，于是悲痛之情，由圣母之处感染到圣徒到信众到天使，最后到观众。悲痛由浓缩到分散，逐渐传播，或许正是这幅画所要达到的艺术效果，表达和传送人的情感信息，或许正是艺术家追求的目标，可以说，乔托达到了自己的目标，也可以说正是他创新技法——写实求真的结果。人物的心态真实、场景真实，无怪乎许多评论家都说，乔托的作品是最早西方绘画在不知科学透视法和人体解剖学的条件下达到的写实求真的极致，而且他的探索已叩开这些科学技法的大门。

《最后的审判》画于礼拜堂入口之上，构图的空间就被限制在礼拜堂的拱顶结构与南北边墙之间。按当时宗教崇拜的惯例，以最后的审判为主题的画，最好是用来表现融天堂人世阴间于一炉的神学全景之图，这需要画家不仅有丰富的想象力，更要有善用空间构图的才能。《最后的审判》把乔托这两方面的才能都充分显示了出来，在有限的空间画出了无比丰富的情景。为充分利用有限的空间，此画以基督为中心，按上下左右布置全画的内容。上方约占全画 2/3 为天堂的景象：礼拜堂拱顶高窗左右和下面是日月星空，画面上有千百成群、排列整齐、向着中央的基督膜拜敬礼的天使，坐在彩虹光轮中的基督和他左右两边的 12 个门徒；基督之下，约占全画的 1/3 处，中间画着一个巨大的十字架，两位天使扶着它的横臂，这是基督要降临人间作最后审判的象征，十字架的两边分别画出善众得救升天、丑类被打入地狱的情景；为把上下两部分有机地联系起来，画面上的基督扬起右手(手心向上)和下压的左手(手心向下)，表示这最后的判决。作为一幅宗教画，以上的内容已经很丰富、很完整了，但耐人寻味的是，在紧靠着十字架的得救情景的一角，画家特别安排了向圣母进献阿雷纳礼拜堂的场面，那位出资建堂的商人跪在圣母和圣徒面前，将教士扛着的礼拜堂模型(实际上就是指礼拜堂本身，当然也包括他的壁画——乔托作为画家奉献给圣母的礼物)献给圣母。评论家认为，这个真人真事的插入使整个充满宗教幻觉和神学含义的图画就显得落地生根而带有人间气味了。依此理解，那些得救善众的形象也有不少是具体的肖像，而众天使、众圣徒乃至基督的形象，也按新艺术现实主义的理解做了彻底的改造，它们都有结实的形体，衣褶宽大有力，神情端庄慈祥，接近古典雕像的风格，而且在具体布局上也显示出远近的空间关系。还值得一提的是，画中那一大片地狱情景的刻画，可以说将恐怖黑暗、魔王鬼怪的图画发挥到了极致，就像但丁《神曲》中对地狱的描写那样，显示了真实与幻想的奇妙结合。当然，在现代观者看来，这幅神学全景式的壁画虽气魄雄伟，但与前三幅相比，宗教色彩显得太浓，相比之下会更留恋前三幅画，因为它们展示的人情世态不仅生动真实，而且洋溢着新艺术特有的清新与坦诚——有的评论家曾把他们形容为早春二月般的清新和农民粗犷般坦诚。

乔托制作的画幅自必不少，但流传至今的却不多，有些残损较重，可是，在众多作品中佛罗伦萨的壁画的影响是很大的。这是因为佛罗伦萨培养了乔托，乔托也为佛罗伦萨带来了荣誉，使它一跃成为新艺术的最大中心。作为现实主义艺术的拓荒者，乔托在佛罗伦萨的壁画最能体现他的现实主义风格，佛罗伦萨人也最欣赏这一风格，这可从被市民赞为稀世之宝、世代传颂不绝的《但丁像》中看出来。这幅但丁的肖像画是作于佛罗伦萨督政官署(巴吉罗宫)礼拜堂的祭台画的一部分，可能艺术家是把但丁画成朝圣礼拜群众中的一员而放在这里的。这一肖像画的意义首先在于它是佛罗伦萨社会风气变化的反映。我们知道，中世纪只有各类圣像，而无刻画凡人肖像之作，即使帝王将相的肖像，也是在一般图像套个名字，并非真实面容。平民百姓，即使最有名的文人，也绝不能享受画肖像的荣誉。但时代不同了，佛罗伦萨作为文化的中心，追求文化、享受文化的新风尚使佛罗伦萨市民把但丁、乔托这样的文化名人视为同城本邦的骄傲，授予他们桂冠，而为他们画肖像、写他们的传记成为时髦。同时，尊重个人、尊重个人才能及市民地位的提高，每个人都想流芳百世等观念也促使了肖像画的产生，甚至百姓的肖像也逐渐流行起来。正是这样的社会环境，使乔托更加大胆地发挥了他的写实才能，把但丁的消瘦面容和诗人的气质表现得相当精彩，特别是侧面眼睛的刻画——乔托借用古典艺术传统把侧面眼睛化成了三角眼。在希腊艺术中，这种三角眼的画法，可以说是古典艺术走向彻底写实的一大标志，很有代表性。这种技法在中世纪绘画中已基本失传，乔托又把它恢复了起来。据说乔托可能是从古典钱币的侧面人头像和陶器绘画中得到启发的，当然也可能是他在自己的写生实践中摸索出来的。总之，他用这个细部描绘，向人们揭示了新技术走向现实主义的努力。这种努力其实我们在阿雷纳礼拜堂的壁画上就已经看到了。乔托大胆地给但丁略显转身的侧面上画了一只炯炯发光的三角眼，加上那笔直的鼻梁和紧抿的略带"地包天"的嘴唇，更使诗人神采奕奕、精神焕发的形象栩栩如生。乔托在佛罗伦萨留下的最好的一幅纪念性壁画是《圣法兰西斯之死》。圣法兰西斯（即圣方济）建立的新教派，依托于城市的环境，强调对普通群众尤其是穷人的关怀与同情，可以说是有些市民感情的新教派，在乔托之时很受市民欢迎。这幅做于佛罗伦萨圣十字教堂中的作品，是艺术家晚年得心应手之笔，仍保留着多层一字排列的技法，如与《哀悼基督》相比，此画的人物缺少了激动之情，更多的是严肃和平静，从而显示出人物的身份和地位，构图的气势虽不那么集中，却更见规范，整个画面也显得更为稳定，表现了大师晚年的创作风格。尤为可贵的是，在这个教堂中，乔托为纪念圣法兰西斯而做的好几幅壁画，都以普通群众的形象为模特儿，造型也最为出色。他们名为阿西西的市民，实际上就是当代的市民画像。这些画像，充分显示了乔托的写实功底和平民精神。画中群众僧俗皆有，他们聚精会神地望着圣徒，敬仰与关注的神情感人至深。画家在此是寓伟大于平凡，以群众形象体现人性之崇高与深厚。

乔托在西方绘画史上的意义还在于他对画界的影响。提到乔托的影响还要提一组壁画，即乔托在阿西西圣方济各教堂中殿的 28 幅壁画。这组壁画是为了纪念圣法西斯所作，对这组壁画是否出自乔托之手学术界一直存在争论，但无论是肯定派还是反对派都认为他们具有乔托的画风，至少它们出自受乔托影响的画家之手。但乔托去世后形成的乔托画派，由于过于追求乔托晚年的平稳画风，独立创新较少，师门规范却遵奉惟谨，结果是乔托画派虽然人员兴旺，成为 14 世纪佛罗伦萨画坛的主流，却没有一个人可以和乔托相比。整个乔托画派在写实求真这个乔托艺术最主要的核心上有所背离。尽管如此，乔托画派在高举乔托这面旗帜上基本保持了新艺术的传统。法国艺术评论家热拉尔・勒格朗，在谈到乔托的影响时说："乔托的影响不仅渗透进了绘画……还渗透进了雕塑中。"而庇护二世教皇（1458—1464）则说"有了彼特拉克，文学得到了振兴，有了乔托，画家们的手重露光芒"。正因为如此，在乔托之后，佛罗伦萨仍然是新艺术的最大中心，这个优势一直保持了整个文艺复兴时期而没有受到任何严重挑战。

第二节　现实主义的拓荒者——马萨乔

意大利 14 世纪的绘画与同时期的雕塑和建筑相比，不能不说是相形见绌。中世纪特别是哥特式艺术的传统习惯与此有很深的渊源，规模宏大的建筑工程给雕塑与建筑提供了更多的用武之地。当然，这并不能说绘画（包括教堂壁画和祭坛画）毫无发展。自文艺复兴绘画先驱乔托等画家做出卓越贡献后，新的画家群正在形成，突出的艺术成就令世人瞠目结舌。

15 世纪早期，意大利最重要的三位美术创新家多纳泰罗、布鲁乃列斯基和马萨乔中，画家马萨乔，是最年轻的一个(1401—1428)。然而作为 15 世纪初具有新思想的代表画家，可以说他是文艺复兴现实主义绘画的班首，他为意大利绘画开拓的艺术道路，是任何画家都无法比拟的。甚至在整个西方美术中，还没有一位画家能像马萨乔那样，在短暂的一生(27 岁夭折)中，为发展一种新的画风做出如此巨大的贡献。

马萨乔是乔托艺术的继承者和追随者，他沉迷于乔托开创的那种宁静而稳重的纪念碑式画风，将前辈的艺术精华，与自己的艺术探索及艺术感悟力糅合在一起，形成了一整套绘画方法，这为以后好几代文艺复兴画家所继承和发展。在此过程中，马萨乔也充分吸收同时代伟大艺术家布鲁乃列斯基和多纳泰罗的创新因素和重要艺术成就，这对马萨乔的艺术风格的形成具有重要意义。

马萨乔在绘画艺术创新方面的重大突破，体现在他为佛罗伦萨圣玛利亚·德尔·卡明教堂佛朗西斯礼拜堂所绘的壁画中。这套壁画中的一幅《纳税钱》最能代表画家的风格和艺术探索。在此画中，马萨乔展示了三个连续不断的故事情节。此画中的人物形象纯朴而厚重的造型令人回想起乔托画中的人物形象，但马萨乔在运用光线来表现人物的体积时，却不像乔托那样只用平光，而是采用来自一个集中而固定的光源所投射出来的光，这种光以固定的角度投射到人体上，使人体表现出敏感层次，从而产生立体感，使人物形象显得庄严而厚重、明确而清晰。这个纳税小故事由这位有新观念的青年艺术家描绘出来：基督显得高贵；彼得愤怒庄严；税吏带着罗马运动家的柔软骨架；每一位师徒在面貌、衣服和姿势方面都有所不同。建筑物和背景的山丘反映了初兴的透视科学。而马萨乔自己，对着镜子摆姿态，也将自己画成群众中一个带胡须的使徒。当他创作这一系列图画的时候，人们正用游行仪式供奉礼拜堂。马萨乔以敏锐的眼光观察仪式，然后在回廊的壁画中描绘出来，布鲁乃列斯基、多纳泰罗、马索里诺、乔万尼、美第奇和教堂负责人布兰卡齐都曾参加供奉，现在发现他们都在画里。马萨乔那些生气勃勃、充满空气感的画作，预示着文艺复兴时期的即将到来。

马萨乔是意大利一位十分富有个性、画风奇特的画家，人们认为他的艺术是一种富有智慧和数学头脑的产物。马萨乔始终认为，只有在那些极其明亮而纯净的几何形体结构中，才能发现最美的东西。而且，他对透视学也很有造诣。《圣母、圣婴与天使》是马萨乔的一幅重要作品。在此画中，即使在极为传统的中古式“图式”里，马萨乔让圣母的袍子占很大的面积，圣母坐在中殿的宝座上，她的膝上躺着已熟睡的小耶稣。宝座周围也有很多的空间。圣母身后站着 4 个天使，6 位圣徒分立两旁。他们的目光有的向上、有的向下、有点向前，唯独无人观看圣子。右边前景中跪着的人物是蒙太费尔特罗公爵。拱顶中央悬挂着一只大鸟蛋。近来研究者们解开了画中的某些谜，比如蒙太费尔特罗公爵背后站着他的守护者是福音传播者约翰；画面左边前景中站着的是施洗约翰。约翰前面原应跪着公爵夫人巴蒂斯诺，而现在这个位置却被空着，原因是公爵夫人在生产第五个孩子后不久去世。此画色调柔和，透视关系运用得恰到好处，人物表情还是显得庄严、凝重。最为重要的是，画家在此引介了文艺复兴画中最伟大的革新技巧，由阴影表示光是唯一的光源射出，能更好地表现主题和画面人物。

《亚当与夏娃》是马萨乔的代表作。马萨乔是一个对艺术十分着迷的人。他对一切都漠不关心，无忧无虑、松松散散，为此人们给他取一个绰号“马萨乔”——有傻瓜之意。马萨乔具有非凡才华，深得同行的尊敬，然而却英年早逝，享年仅27岁。《亚当与夏娃》集中体现了马萨乔的艺术风格与追求。在这幅画中，马萨乔解决了对自己所处年代来说比较难的裸体的正确造型和姿势的难题。那时的画家沿袭中世纪“脚板不沾地，也不收缩，而是踮着脚站着”的习惯塑造形体，马萨乔却赋予他们以稳定感。亚当与夏娃的裸体从解剖学来讲是准确无误的，而且动作自然，姿势富有表现力。天使的形象用复杂的透视缩减法画出，空间感也很强。亚当与夏娃都酷似生活中的真实男女，表现了真实的人的思想感情。亚当夏娃充满生气与精力的矫健步伐，他们洋溢着活力与强大生命的肉体，可让观者感到人的巨大力量和人文主义的前奏。马萨乔的艺术原则，不但成为意大利15世纪画家所遵循的典范，而且给后来致力于现实主义美术的艺术家以巨大的启迪。

马萨乔可以说是文艺复兴时期现实主义绘画的班首。他在形体塑造、透视、色彩、运动和装饰感的探索上，在对人体和人的内心感情的刻画上，较他以前的画家更先进、更深入。《圣三位一体》是马萨乔于1427年为佛罗伦萨圣玛利亚·诺韦拉教堂绘制的。此画中，画家遵循透视学原理，以一间有拱顶的方形礼拜堂为背景，有意将画面的透视焦点置于观众的眼睛高度。这样就使观看者获得这样一种感觉：画面的建筑物逼真得像是生活中的某座真实的教堂在建筑结构上的连续部分。从此以后，“错位图画”在西方又重新流行起来。这种追求以假乱真的极端写实效果，吸引了当时很多画家。此画作为早期文艺复兴的代表作之一，包含着两个重要因素：一是它们体现的现实主义精神是以直接观察现实生活为基础的；二是画面的构成与数学计算之间有着不可分割的联系。

马萨乔所从事的绘画探索，与多纳泰罗所从事的雕塑探索一样，为他的后继者开辟了创新的道路，使不少画家取得了新成果，佛罗伦萨画家乌切罗便深受其益。

第三节　潜心于透视原理的乌切罗

保罗·乌切罗（1397—1475）以制作哥特式风格绘画起家，后来他专心研究透视学并在这方面取得了巨大的成就。乌切罗原名保罗·迪·多诺，据说他是一位才华横溢却缺乏毅力的人，他在世时间很长，然而留下了画作却不多。他的子孙抱怨他把时间都花在研究透视上。瓦萨里在其名著《名人传》中写道：乌切罗废寝忘食地研究透视学，当有家人催他入睡时，他常说透视学是多么可爱的情人啊！乌切罗对透视学的迷恋带有幻想色彩，这跟马萨乔对透视学的冷静而理智的态度不一样。马萨乔利用透视画法使画面上的空间范围明确起来，而乌切罗主要是利用透视关系把各种几何形体妥帖而美观地排列在画面上。20世纪初立体主义画家之所以对乌切罗的绘画大感兴趣，其原因也就不难理解了。

乌切罗是从做雕刻家吉伯提的助手开始其艺术生涯的。佛罗伦萨洗礼堂铜门——

“天堂之门”上的动物、飞禽有他的一份功劳。特别是鸟制作得如此精美，以至于他得了“飞鸟”这个绰号。在意大利文中，乌切罗即是飞鸟的意思。另外，他曾经随多纳泰罗工作，因此他在画中强调造型，突出大的块面关系，本是十分自然的。此时正是透视比例法刚刚被发现和研究的年代，这位典型的画痴废寝忘食地进行透视学的研究，经常整夜地画着七十二面球体。

最能体现他艺术风格的画作是1457年为美第奇宫绘制的《圣罗马诺之战》，这是西方艺术史上第一幅伟大的战争画作品。他描绘了25年佛罗伦萨军队击败锡耶纳军队的场面。这幅画由三个部分组成，卢浮宫所藏一幅应在右边，表现锡耶纳统率乘坐黑马，率军向左方前进；伦敦国家画廊的一幅则是从左向右进攻的佛罗伦萨军队，其统率托林提诺手持令牌，头戴红冠，正在指挥前锋与敌人短兵相接；留在故乡佛罗伦萨乌菲兹美术馆的为中部，战争已经分出胜负，锡耶纳统帅已被长矛刺穿。画面色彩简单而强烈，黑、白、红和大块阴影把气氛烘托得如火如荼。在前景上，死掉的战马四蹄朝向观众，如林的长矛刺向四面八方，散落在地的盔甲、武器起着聚向焦点的透视线的作用。金属铠甲的闪亮、白马身上的红鞍都令人目不暇接。如果把三幅画重新聚在一起，便不难发现画面的透视焦点不左不右，正好聚在中间一幅的核心部位上。

《圣罗马诺之战》是乌切罗用“减缩透视法”绘成的，画中的各种形体均为静止不动的几何形体，包括跌倒在地面上的士兵和折断的长矛等，画面洋溢着一种清新而难得的神话传说和史诗气氛。

祭坛底座图画《圣饼的奇迹》是乌切罗绘画作品中最有特色的一幅，其别出心裁的构图和充满诗意的艺术处理，引起了20世纪西方美术界的注意，虽然在当时不受教会欢迎。此画取材于民间传说：一个犹太当铺老板逼迫一个劳苦的老妇人用一只献祭基督的圣饼赎回她的斗篷；由是，犹太老板全家被处以烙刑，并把老妇人吊死，后来由教皇亲自把那只圣饼送回祭坛，此事才算了结。此画吸引后世画家的是透视所引起的变形现象，当代美术家对乌切罗早在500年前就已预见到类似于摄影的广角镜头所引起的变形，推崇备至。有些美术评论家则认为，乌切罗是有意卖弄其透视法的高明，认为变形的地方正是透视画法的缺陷所在。无论怎样众说纷纭，乌切罗在透视学方面所做的贡献是有口皆碑的，成就是卓绝不凡的。

第四节　早期的修士画家

文艺复兴时期不乏修士画家，但其成就完全不同。没有激情便没有艺术，不论它是宗教的还是世俗的，都是艺术佳作产生的首要因素。出生于15世纪上半叶的佛罗伦萨的安吉利科和利比修士以不同的激情创作了圣母形象。安吉利科（Fra Angelico，1387—1455）原名吉托·迪·皮耶特罗（Guido di Pietro）入修道院后改名弗拉·吉尔瓦尼（Fra Giovanni），最后得到安吉利科——天使这一美称。他常年在圣多米尼克（San Domenico）

和圣马可修道院(Couvent San Marco)作画。1446 年教皇尤金尼亚斯四世(Pape Eugene IV,不详—1447)将他召至罗马,为尼古拉五世(Pape Nicolas V, 1447—1455)在梵蒂冈的私人礼拜堂作著名壁画《圣洛朗和圣艾蒂安娜的生活》(1447—1450)。作为圣方济各派教义最好的艺术体现者,他对宗教的虔诚并不妨碍他对现实的观察和会心造物。同时,他也十分注意从同时代的其他画家身上吸取营养,笔下始终清音缭绕,表现出忠实信奉的幸福感和对神秘事物沉着冷静的思索。安吉利科静静地走着他自己的中古路线。

安吉利科出生在托斯卡纳村庄,年轻时就来到佛罗伦萨学画,可能是向洛伦佐·摩纳科学习的。他成熟极快,而他也有希望在世上取得一个较高的地位,但是对和平的热爱、对拯救的渴望使他加入了多米尼克教团(Dominican Order, 1402)。他在各城见习修行,然后定居在费舍尔的圣多米尼克修院(San Dominic, 1418)。他在快乐、默默无名的状态下画书稿插图,为教堂和宗教团体画图。1436 年,圣多米尼克的教士们转入圣马可新修道院,那是由美第奇家族的科西莫出钱、任命米开罗佐[①]所建的。以后的 9 年中,安吉利科在寺院教堂、僧会礼堂、宿舍、餐厅、招待所、廊柱和小室等处的墙上画了 50 多幅壁画。同时他以十分谦和、十分诚挚的态度修行宗教,修士伙伴们便称呼他为安吉利科弟兄(Angelic Brother)——弗拉·安吉利科。没有人看见过他生气,也没有人能激怒他。凯皮斯(Thomas Kempis)发现他完全“模仿基督”,只有一个微小的差错:在《最后的审判》中,这位天使般的僧侣竟忍不住将几个圣方济教派修士放入地狱。

对安吉利科而言,绘画是宗教的习题,也是美学上的解脱与喜悦。他绘画的格调很像他的祈祷,而他也一定先祈祷才作画。他远离了生命中的严酷竞争,觉得生命是神圣补偿和爱的颂歌。他的题材永远是宗教——圣母和基督的生活、天堂中受保佑的人、圣人的生活、僧侣团的团长们等。他的目的与其说是创造美,毋宁说是激励虔诚。在僧会礼堂中,他画了一幅副主教认为应该常存教士心中的图画——《耶稣被钉十字架》。这是一幅强有力的绘画,显示出他对裸体的研究和包容一切的基督教本质。在十字架的底部,与圣多米尼克一起的是敌对教团的建立者——圣奥格斯丁、圣贝尼迪克特、圣伯纳德、圣方济、瓦洛布罗桑寺(Vallombrosans)的古伯托(John Gualberto)、同志会的阿尔伯特(Albert)。在接待旅游人的接待所入口天窗里,安吉利科描绘了有关基督化身香客的故事,因此每一个香客都应该被当做基督化身来招待。招待所内部如今聚集了不少安吉利科为各教堂和公会所画的题材:麻布公会的《圣母像》,其中天使唱诗班的团员都有女性化的柔软外形和天真孩童的微笑面孔;一幅《从十字架降世》,美而柔和,可媲美文艺复兴中描述同一场面的成千作品中任何一幅;一幅《最后的审判》,有一点不对称,而且充满恐怖、不讨人喜欢的幻想,仿佛原谅是人道的,憎恨却是神圣的。在通向小室的楼梯顶部立着安吉利科的杰作《圣召》:一个非常优雅的天使已经对未来的耶稣之母表示敬意,而玛利亚正谦逊地、怀疑地鞠躬,用手画“十”字。这个有爱心的教士在他的学生协助下,抽出时间来在数及半百的

---

① 米开罗佐,文艺复兴时期的建筑师、雕刻家,仅次于布鲁乃列斯基的建筑师。其主要作品还有为美第奇家庭修建的府邸。

每一小室中，画一张壁画，使人回忆起一些激励的福音场面——《登山变相》《使徒的交流》《抹大拉的玛利亚以香膏涂基督脚》等。在科西莫修行的双间小室中，安吉利科画了一幅《耶稣钉上十字架图》，还有《众王的崇拜》，其中众王都穿着富丽的东方服饰，也许就像这位艺术家在佛罗伦萨会议上所见的一般。在他自己的小室中，他画了《圣母加冕》，那是他曾一再画过的最喜爱的题材。沃夫兹画廊(Uffizi Gallery)有一幅、佛罗伦萨专校有一幅、卢浮宫有一幅，最好的是安吉利科为圣马可修道院所画的，其中基督和玛利亚是艺术史上最美好的形体之一。

这些虔诚作品的声名为安吉利科带来数以千计的任务。他对那些慕名而来的人说，他们必须先求得副主教的同意。有了副主教的同意，他才不会拒绝他们。尼古拉五世召请他去罗马，他便离开佛罗伦萨的小屋，前去为教皇布置礼堂，他选用的情景是选自圣斯蒂芬(St. Stephen)和圣劳伦斯的生平，这些画至今仍是梵蒂冈最令人愉悦的画面之一。尼古拉五世十分仰慕这位画家，建议要他做佛罗伦萨的大主教，安吉利科借故推辞，推荐了他最敬爱的副主教，尼古拉五世接受了这个建议，而弗拉·安托尼诺(Fra Antonino)即使在大主教袈裟滞销的时候也仍然是一个圣人。

除了艾尔·格力科(El Greco)，没有人会像安吉利科一样造成如此统一、如此独特的形式，即使生手也能认出他的手笔。恢复乔托风格的单纯线条和形式；狭隘却清幽的颜色组合——金色、朱红、猩红、蓝、绿——反映出光辉的精神和快乐的信仰；形体也许太简单了，几乎没有解剖观念；面孔很美、很温和，但是苍白得不像活人，僧侣、天使、圣人都相似得近乎单调，就像天堂中的花朵一般；一切都加上温柔奉献理想精神，气氛和思想的纯洁使人想起中古最美好的时刻，不再被文艺复兴所掳。这是中古精神在艺术上的最后呼声。

安吉利科在罗马工作了一年，一度曾在奥维托住过，在费舍尔的多米尼克修院当过3年的副主教；后又被召回罗马，68岁那年死于该地。古典笔调的墓志铭也许是出自洛伦佐·瓦拉[①]：

> 基督！但愿你将赞美归于我，不因我是你所称呼的另一个人，而是因我曾将一切利益奉献于你。
>
> 有的事业是在世上，有的在天上。伊城的花将我若望举起。
>
> 基督，不要向你最中心的信徒，我，称赞我是另一个阿佩莱斯(Apelles)，称赞我已贡献了一切吧；因为有些作品是为尘世，有些是为天堂。我弗拉·吉尔瓦尼，是佛罗伦萨城邦的托斯卡纳市民。

弗拉·菲利皮诺·利比(Fra Filippo Lippi)——屠夫托马所·利比(Tommaso Lippi)之子，生于佛罗伦萨同志会修道院后面的穷巷里。他2岁便成孤儿，由一个婶母勉强抚养，到了8岁婶母便把他送入同志会教团。他不喜欢读指定的书，却在树叶边缘上画满了

---

① 洛伦佐·瓦拉(1407—1457)，文艺复兴时期的意大利修辞学家、教育家和天主教诗人。

漫画。副主教注意到那些画的不凡，让他学马萨乔在同志会教堂所画的壁画。不久这个少年便在同一教堂里画自己的壁画了。那些画现已不存，但是瓦萨里认为其不次于马萨乔的作品。他在26岁(1432年)离开寺院，仍旧自称为“教士”(“Fra”)，却活在“世界”里，而且以他的艺术为生。瓦萨里说了一段已被传统所接受的故事——虽然我们无法测知其真实性如何：

> 利比据说非常好色，当他看见一个中意的女人，便愿意献出一切财产以占有她。如果不能成功，便画她的画像以平息爱火。这种胃口完全占据了他的心灵，只要有这样的心情存在，他就不再注意他的工作。因此，有一次科西莫雇佣他时，把他关在房中，以免出外浪费时间，这样过了两天，他又被色情和兽性的欲望所征服，用剪刀剪下床单，从窗户攀下房外，花费很多天的时间尽情欢乐。科西莫找不到他，特别来一次搜索，最后利比又自行回来工作。从此以后，科西莫让他自由来去，后悔把他关起来……因为，他说：“天才有天上的形体，不是捆扎的驴子”……后来他努力以情感的束缚绊住利比，因此得到他更情愿的服务。[①]

1439年“利比教士”在写给彼罗·美第奇的信中形容自己是佛罗伦萨最穷的教士，有6个侄女与他同住，供养不易，且他们都急于出嫁。他的作品销路甚佳，但是收入显然不敷侄女们的愿望，他的道德还不至于声名狼藉，因为他还曾经受聘为许多女修道院作画。在普拉托的圣玛格丽特(Santa Margherita)修道院中(除非瓦萨里和传统记载错误)，他爱上了卢克雷齐娅·布蒂(Lucrezia Buti)，也许是一个修女，也许是修女的监护人。他说服女院长让卢克雷齐娅·布蒂做圣母的模特儿。不久他们私奔了。虽然她父亲责备她，她还是和这位艺术家一起，做他的情妇和模特儿，让他画出很多圣母像，还为他生了一个儿子，就是后来成名的小利比。普拉托教堂的监护们并没有为这事而反对他，1456年他们聘请他在唱诗班席位上画壁画，描述“施洗者”圣约翰和圣斯蒂芬的生平。这些壁画现在已严重损坏，当时被公认为杰作，构图完美、色彩丰富，充满戏剧性——一端是莎乐美(Salome)的舞蹈，一端以石掷斯蒂芬达到高潮。利比生性好动，觉得这件工作太沉闷，曾两度逃离。1461年，科西莫说服庇护二世(Pius II)，让这位艺术家解除僧侣誓言。利比似乎觉得自己也失去了对卢克雷齐娅的忠心——她现在已不能做圣母的模特儿了。普拉托的监护们想尽一切方法劝他回去完成壁画。最后，距开始动笔10年之后，他才在科西莫的私生子卡洛·美第奇——现任使徒书记的劝诱下把壁画加以完成。在斯蒂芬葬礼的一幕中，利比运用了所有力量——建筑背景的透视错觉，环绕尸体而各有特性的形体，科西莫私生子为死者宣读礼文时的强壮体型和平静圆满的面孔，等等。

虽然他在两性关系方面很不规矩，可能也正因为他对女人可爱的温柔很敏感，利比最好的作品都是圣母像。它们缺乏安吉利科圣母像的非俗世精神，但是却表达了深度的柔

---

① 中译文引自朱龙华：《意大利文艺复兴的起源与模式》，人民出版社，2004年版。

软人体美和不尽的温柔。在“利比教士”的画中，圣父一家变成了一个意大利家庭，被家庭偶发事件所包围，而圣母玛利亚的肉体美更预报了异教文艺复兴的来临。除了女性魅力之外，利比在他的圣母像中又加上轻灵的优雅。这种特色后来传给了他的徒弟波提切利。

1466年，斯波莱托城邀请他在教堂东面半圆室内再度描绘圣母的故事。他谨慎地工作，热情平息下来，但是力量也随着热情消失，他再也无法重获普拉托壁画的杰出成就了。他在这次工作中死去(1469年)——瓦萨里认为是被他所诱惑的一个女子的亲戚所毒死的。这一点不太可能，因为他被葬于斯波莱特大教堂中。而且几年以后，他的儿子还应洛伦佐·美第奇之聘为他的父亲建立了富丽的大理石石墓。

皮埃罗·德拉·佛朗西斯科(Piero della Francesca，1429—1492)，原名皮埃罗·迪·贝内德托·德伊·佛朗西斯科。他自幼命运多舛，父亲早亡，寡母柔弱的肩膀肩负起家庭的重负，幼年的佛朗西斯科饱经沧桑。1442年起，佛朗西斯科成为圣波尔克罗镇行政团体的成员，并终身在该组织任职。这个小镇位于亚平宁山脉下荒凉的特韦雷河边，正是这种自然环境使佛朗西斯科的绘画总是被一种带有尊严的宁静气氛所笼罩，流露出一种淡淡的寂寞和忧伤。

佛朗西斯科曾在佛罗伦萨居住过3年左右，在那里研究马萨乔、阿尔贝蒂、吉贝尔蒂、和安吉利科的透视学原理、造型方法、光线和色彩的应用等。在漫长的艺术实践中，佛朗西斯科深信：只有在那些极其明确而纯净的几何形物体结构中，才能发现最美的东西。因此，人们没有理由不相信，佛朗西斯科的艺术是一种富有智慧的数学头脑的产物。

佛朗西斯科除了是杰出的画家外，还是出色的数学家。他花费毕生精力研究透视学，终于在去世前写成了西方美术史上第一篇系统性的艺用透视学论文，他的重要论文有《绘画透视学》《论正确的人体》，并创造出了佛朗西斯科式的“建筑结构式的构图”。这种构图的成功取决于他那准确而清晰的数学概念，以这种数学观念为出发点，将对光线和色彩的敏感与在平面上再现空间形态结合起来，从而形成了他独一无二的特殊画风。他还是个有才能的色彩画家，在色彩方面的处理深有造诣。1469年，他成为乌尔比诺王国的宫廷画师。

《基督受洗图》是佛朗西斯科的代表作，画中的基督在画面正中，姿态优雅。画家用抒情的笔触和富于美感的色调，描绘了乌尔比诺的小山丘，从此为背景衬托了前景上态度严肃的全身人像。佛朗西斯科坚实的造型功夫与其在色彩方面的得心应手的处理，使此画产生一种绝妙的对比效果，轻松优雅的背景与严肃沉浸的人物形象的对比。

佛朗西斯科不但是卓有成就的艺术理论家，还是很有才能的色彩家，他把画面上纯净、明亮的色彩统一于光的气氛中，组成银灰的色调和微妙的色阶关系。他的壁画艺术风格集庄重、宏伟与细致、抒情为一体，在写实中有虚构，艺术语言丰富，艺术效果变化纷纭，耐人寻味，的确可谓承前启后的大师之一。《基督受鞭图》虽为其早期作品，然而画风古拙写实，色彩的运用也是别出心裁，而且那种把结实的造型与细致、和谐的色彩关系绝妙结合起来的画风在此画中已初见端倪。佛朗西斯科的另一特色就是画中人物的形象大都是严峻的，人物表情虔诚庄重，画面节奏却极其舒缓，为观者营造了一种令人神往的轻松的艺术境界。此画同样具有这种富有诗意和抒情的艺术描写风格。

第五节　新柏拉图主义与波提切利

同代的佛罗伦萨只有一位超越者，即桑德罗·波提切利(Sando Botticeli, 1446—1510)。桑德罗自幼酷爱绘画，他的父亲弗里倍皮(Mariano Filipepi)无法说服这个男孩，尽管已经告诉他，生命是不能没有阅读、写字和算术的，只好送他到金匠波提切利门下充当学徒。不知是因为这位学生的喜好，还是由于史学家的怪念头，此人的姓氏竟被暂时附在桑德罗自己的名字之上。这个少年在16岁时转向利比学习，他渐渐喜欢这个好动的、狂猛的少年。小利比后来曾将波提切利画成阴郁的家伙：深陷的眼睛，突出的鼻子，敏感多肉的唇，浓密的头发，穿戴着紫帽、红斗篷，拴着绿色的皮带。从波提切利在博物馆中的细致巧作中，谁能想象出这样的一个人呢？也许每一个艺术家为理想而作画之前，都必须是一位肉欲主义者，他必须知道并热爱身体，认为肉体是美感的最终来源和标准。瓦萨里描写波提切利是一个“愉快的家伙”，他常戏谑同行的艺术家和迟钝的公民。无疑地，他像我们一样有许多面，会根据情况的要求而显出一个或另一个自我，使真正的自我成为世界上一个秘密。

大约1465年，波提切利建立了自己的画室，并接受美第奇的委任工作，他的《朱蒂丝像》显然是为洛伦佐之母卢克雷西亚所画的。为了她丈夫彼罗，他画了《圣母像》和《东方博士的崇拜》——献给美第奇家三代的彩色颂歌。在《圣母像》中，波提切利将洛伦佐和朱利亚诺画成16岁和12岁的男孩，抱着一本上面写着圣母——从利比笔下借来的人物——赞美歌的书；在《东方博士的崇拜》中，科西莫跪在圣母足边，彼罗跪在他前面较低处，时年17岁的洛伦佐手上拿剑作为他已达合法杀人年龄的象征。①

洛伦佐和朱利亚诺继续赞助波提切利。他最好的画像是，朱利亚诺的爱人《西蒙妮塔像》，他仍然画宗教画，奥尼桑提教堂著名的《圣奥古斯丁》就是其中之一。但当时也许受了洛伦佐圈子的影响，他愈来愈转向异教的题材。瓦萨里报道说：“波提切利在很多家庭画了……很多裸体的妇人”；“并指控他生活严重不轨。”人文主义者和动物精神曾使波提切利一度迷上享乐主义的哲学。他的《维纳斯的诞生》显然是为洛伦佐和朱利亚诺尔画的(1480年)。一个端庄的裸体在海上的金色表面升起，用她长长的金发作为手边唯一的遮掩，带翼的西风在她右边将她吹到岸上，左边一位美丽的少女西蒙妮塔穿着有花的白袍，献给这位女神一件斗篷以增加她的可爱。这幅画是优雅的杰作，其中的设计和构图是一

---

① 美第奇家族是意大利佛罗伦萨著名家族，创立于1434年，1737年因为绝嗣而解体。美第奇家族在欧洲文艺复兴中起到了关键的作用，其中科西莫·美第奇和洛伦佐·美第奇是代表人物。朱利亚诺是洛伦佐的弟弟，25岁时在教皇西克斯多斯四世策动的帕兹家族叛乱中遇刺身亡。

切，颜色属于附属地位，真实感被忽略了，借着流动的线条韵律，每一样东西都激起人轻灵的幻想。波提切利的主题是取自波利希安（波提切利同时代的一位诗人）作品《吉奥斯塔》（La giostra）中的一段。从同一首诗对于朱利亚诺摔跤胜利和爱情的描写中，这位艺术家画下了第二幅异教图画《战神与维纳斯》。此处的维纳斯穿着衣服，很可能画的还是西蒙妮塔，玛尔斯战胜疲倦而熟睡，他不再是粗暴的战士，而是一个具有无瑕肉体的少年，几乎被误认为另一个爱神。最后，在他的《春》里，波提切利表达了洛伦佐对酒神赞美的气氛（凡要快乐的人让他快乐吧！），帮助出生的女神，再次以长袍、美脚的姿态出现。左边是朱利亚诺，从树上摘下一个苹果，给三位站在他身边的半裸美神；右边一个贪婪的男人，正捉住一个被微雾覆遮的少女。西蒙妮塔谦和地统辖着整个画面，在她顶上的天空中，小爱神丘比特射出他多余的箭。这三幅画象征很多事物，因为波提切利极爱寓言，但是，也许他没有察觉到这代表了人文主义者在艺术方面的胜利。现在，教会要挣扎一个半世纪（1480—1534），以重新赢得他在绘画题材方面的主要地位。

仿佛为了公平面对这个问题，西克斯图斯四世召波提切利到罗马（1481 年），任命他在西斯廷礼拜堂画三幅画。这些不是他的代表作，因为他并没有虔诚的情绪。但他回到佛罗伦萨时（1485 年）却发觉该城因萨福纳罗拉[①]的布道而骚动，便前往听讲，深受感动。他以往一直背负着会受到苛责的压力，从洛伦佐、浦尔契[②]和波利希安得来的怀疑主义潜藏在他少年信仰的秘密墙垣中。现在，这位在圣马可寺院的热烈布道者在给予他和佛罗伦萨可怕的信仰暗示：上帝允许自己受侮辱、鞭挞、钉上十字架，以救赎人类免受亚当和夏娃罪恶之苦，只有善行和真诚忏悔的生命才能从对上帝的心声中赢得恩惠，逃避永恒的地狱。大约此时，波提切利为但丁的神曲画了插画。他又将艺术转向为宗教服务，并再度描绘了玛利亚和基督的故事。他为圣巴纳贝教堂画了一组极佳的圣母加冕图，她仍是他在利比画室中所画的温柔、可爱的少女。不久他画了《石榴圣母像》——圣母被歌唱的天使所包围，圣婴手中握着果实，它的无数种子象征基督教信仰的传播。1490 年，他再度以两幅画歌颂了圣母：《圣召》和《加冕》。但他现在年老了，失去之前的新鲜清明和优雅。

1498 年，萨福纳罗拉被吊死、烧死。波提切利为这件文艺复兴最卑劣的谋杀大感震惊。也许这个悲剧发生后不久他完成了《谗言》，表现他的复杂心情。在古典拱道和遥远海面的背景前面有三个妇人——欺诈、诡计、谗言——有一个褴褛的男性（羡妒）领导，抓着一个裸体的牺牲者头发拖到法庭；法庭上一个长着长驴耳朵法官，在女性怀疑和无知的劝导下，准备对民众的愤怒和嗜血性投降，处死那个倒下的人；而左边穿着黑袍的忏悔者以悲哀的眼光望着赤裸的真理——波提切利的维纳斯再度披着同样的匍匐的长发。这个牺牲者有意用来代表萨福纳罗拉吗？也许是这样，虽然裸体会使这位僧侣大吃一惊。

伦敦国家画廊的《诞生》是波提切利最后的杰作，混乱而多彩，最后一次捕捉了他韵律

---

① 吉洛拉谟·萨福纳罗拉（Girolamo Savonarola，1452—1498），十五世纪后期意大利宗教改革家。佛罗伦萨神权共和国领导。

② 浦尔契，诗人，曾受到洛伦佐的接济。

的优雅。此处所有的人似乎都呼吸着天堂的幸福。春之女神以带翼的天使姿态回来，向奇迹欢呼，拯救出生者，并愉快地在悬于天空的树枝上跳舞。但是在这张画上，波提切利以希腊文写下了这些字，颇有萨福纳罗拉之风，而且在文艺复兴的巅峰使人回忆起中古时代：

> 我，桑德罗于1500年末，在意大利的困难中做成画……此时正应验启示录第十一章的第二灾难。魔鬼被释放三年半。根据圣约翰所写第十二章，不久他将会被捆锁，我们会看见她像此画中一样遭受践踏。

1500年后，我们不再见他绘画，当时他只有56岁。也许心中还有艺术留下来，但他让出位置给达·芬奇和米开朗基罗，陷入阴沉的贫困中。曾支持他的美第奇给他周济，但是他们自己也处于下坡状态。1510年，他寂寞而虚弱地死去，时年66岁。容易遗忘的世界却匆匆继续前进。

第四章　意大利盛期和后期文艺复兴

第一节　科学的天才、艺术的巨人——达·芬奇

莱奥纳多·达·芬奇(Leonardo da Vinci，1452—1519)作为文艺复兴时期天才艺术家和多才多艺、全面发展的人的代表，是一个不可企及的典范。他的伟大之处在于，他一直像先知那样在展望未来，为艺术和科学的进一步发展，而不知疲倦地探索，并取得了巨大成就。他的兴趣范围极其广泛，想象力极其丰富，虽经受过无数次失败和挫折，但从不气馁。

作为盛期文艺复兴美术创始人的达·芬奇，出生于托斯卡纳山区小镇芬奇，他的父亲是个公证官，母亲是农村妇女，他是个私生子。达·芬奇的父亲有 12 个子女，他的家族，从 13 世纪起就在那里居住，达·芬奇虽是私生子，幸而当时的环境和法律，对待私生和婚生子女是一视同仁的，他并未受到不公正的歧视。

达·芬奇是 16 世纪意大利文艺复兴的巨人和伟人，没有人能超越他所达到的高度，不论在绘画、雕塑和建筑艺术的创作，还是在机械、军事科学、植物学、解剖学、地质学、地理学、水利学、空气动力学、光学和其他学科的研究方面他都做出了巨大贡献。是他第一次将科学研究与美术探索有机地结合起来，通过科学研究寻找客观现实中的真与美，然后用自己独特的艺术形式将这种发现完整无误地表现出来。

达·芬奇对人的评价是：人体是大自然最奇妙的作品，人体美是美中之美。他在 15 岁前后由父亲带去佛罗伦萨跟从韦罗基奥学美术。在这里，达·芬奇练就了绘画、雕塑，还有制作贵金属、珠宝饰品和服装设计的本领。在跟从韦罗基奥学艺之余，达·芬奇同波提切利等艺术家都有交往；他在佛罗伦萨随处可以看到前辈大师们的杰作，包括吉贝尔蒂的浮雕(详见第五章第一节)，乌切罗等的绘画作品等。

达·芬奇是个多才多艺的天才，他在美术的三个领域，即建筑、绘画及雕塑方面都有非凡的造诣和贡献。他首先是作为一位画家——盛期文艺复兴的第一位大画家而传世的。他留存的绘画真迹不多，却一直是绘画的楷模和千古绝唱。达·芬奇认为，画中的人像应处于有空气感的空间中，他的老师韦罗基奥在画中把人像描绘得像雕塑，达·芬奇则用一种融合的阴暗对比法使轮廓线变淡甚至消失，这是一种用光线来渲染成色的画法。

达·芬奇绘画风格的基本要素之一是光线，一种非常柔和的光线，这种光线近乎黄昏的光线。达·芬奇使透视学研究从直线透视发展到空间透视。他认为色彩虽是一种极好的装饰因素，但和明暗对比法相比，就只能退而求其次了。因此，达·芬奇的画面色彩非但不鲜艳，反而更沉着稳重，有时甚至偏向单色。

作为科学家兼画家，达·芬奇以科学理解绘画，运用研究科学的方法研究绘画。他认为"画家必须是博学多能的"，强调绘画艺术必须以知识为基础；同时指出观察一切、研究一切物象的特征，对科学家来说，是获得科学知识、了解其本质的基本方法；对画家来说，则是艺术地再现观察影像，并给予影像以"灵气"所不可缺少的实践过程。达·芬奇的《绘画论》(*Trattata della pittura*)正是他科学研究绘画的杰作，向我们提供了他绘画科研的种种内容。《绘画论》最初刊于 1651 年，是根据达·芬奇一部不完整的选本编辑而成的。而最好的版本是《乌尔比诺拉丁文抄本》，他是达·芬奇的挚友和学生弗朗西斯克·梅尔奇根据大师的手稿和一本笔记编辑而成的。从《绘画论》中，我们可以看到他如何以"输血证明的确切性""生物测定学"等科学的技法研究色彩与光的关系、色彩与目视距离的关系、色彩与数学的关系等，并把科学运用到绘画实践中。

达·芬奇 15 岁从师，学徒期间已显示出横溢的才华和博学。1476 年左右他出师并开设了自己的画坊，然而却没有像其他画家那样受到美第奇家族的青睐。美第奇宫中收藏了几乎当时每一位佛罗伦萨美术家的杰作，唯独没有达·芬奇的重要作品。特别是 1481 年，教皇西克斯图斯四世，召集托斯卡纳地区最好的画家去梵蒂冈作画，波提切利、佩鲁吉诺等都在邀请之列，唯独没有达·芬奇，这极大地刺伤了达芬奇的自尊心。他深知在佛罗伦萨没有自己的前途，于是 1482 年离开佛罗伦萨去了米兰。在给米兰大公的信中，他列举了自己所能完成的很多工作如桥梁、制大炮、造战车等，而只在信的末尾，才提了一下，他还精通绘画和雕刻，也可看出当时他的这种心情。初到米兰，大公斯福查给他的待遇并不高，但随着他工作的成功、才华的外溢，便受到斯福查的赏识和信任。在米兰的 20 年中，达·芬奇除了醉心于科研和各项工程外，还完成了他的《绘画论》，但由于不满意而没有出版。在绘画方面的成就，便是他的两幅传世之作《岩间圣母》和《最后的晚餐》。

《岩间圣母》是为米兰一座教堂的礼拜堂绘制的祭台画。该画可以说是达·芬奇细致地观察自然，综合空气透视法、色彩透视法、隐蔽透视法等科学技法，表现自然的杰作。画的背景是幽深的岩洞，光线从洞口和岩石的缝隙中透进来，明明暗暗地撒在洞前圣母、小耶稣、约翰与天使的身上和脸上，影影绰绰地照亮了岩石和岩壁上的树叶、地上的小草和野花，亮处显得嫩绿而多彩，暗处也隐约可见，且山岩洞窟有地质学的见识，树木花草有着植物学的精确，可见达·芬奇认真精细、科学观察的功底之深。尤其是洞外通过远外通透的露光，可以看到一片碧山绿水和山水的烟岚，酷似我国漓江风景的画面，为西方艺术中前所未见。该画的色彩效果，来自达·芬奇的色彩创新。此画虽仍按蛋彩画处理，仍用木板做成画屏并铺以石膏麻布细面，但在威尼斯画派油画技法的启发下，将胶质渗入油彩，是一种早期的油画技法。从画面左上角那一片秀丽的山水可以看出，他对此技法运用得多么巧妙。有人认为，如此的色彩效果，具有中国山水画的特征，因而推测，他很可能从丝绸和瓷器上看到某些中国山水画的图样，所以才有图左上部那一片桂林山水似的烟岚风光。这种山水景致和中国画的水墨渲染，非常符合他独创的烟雾法和明暗法的理念，他即使没有见过真正的中国山水精品，作为观察入微的大艺术家，也会触类旁通地领悟到它的神韵。该画的另一大特征，是它的"金字塔"形即三角形构图，圣母玛利亚居图中央，头部为三角形的顶点，她的左右手分开，形成了三角形的两条边，右手搂住小约翰，左手伸向圣婴耶稣，约翰正向耶稣致敬，耶稣身后又有一位天使用手指向约翰和圣母。此画现存有两幅基本相同的原作，可能是达·芬奇先后应订画教堂之请而作。这两幅画，一幅存巴黎卢浮宫博物馆，一幅藏伦敦国立画廊。两画大同小异。小异中最突出的一点就是巴黎之画的天使右手指向基督；伦敦之画则不见右手，但伦敦之画的山水更有漓江风味。在两幅画中由圣母等 4 位人物构成的这一完美、稳定而和谐的三角形，奠定了全画丰富且有均衡的主调。画中的人物，不但有着解剖结构的准确，而且有着各自独特的表情：圣母慈祥的微笑，表达着她的母爱和对天伦之乐的幸福感受；小耶稣和小约翰及大姐姐般天使的动作，则把人带入了孩童的天真活泼、顽皮而友善的游戏中。把这美好的人间幸福的一幕，放在了如此美丽、幽雅而宁静的大自然中，正是达·芬奇含蓄画风的典型表现。此画完成于 1485 年，虽离 16 世纪还有 15 年，但在处理科学写实与艺术加工、典型塑造与含蓄表现的辩证关系方面，都已完全达到了盛期文艺复兴的水准。

《最后的晚餐》是制作于米兰圣玛利亚修道院餐厅的壁画，取材于《圣经》新约犹大出卖耶稣的传说故事。无论文艺复兴时期，还是以后数百年中，同名之作亦不少见，但只有达·芬奇这幅千古不朽之作，长期为世界各国人民所器重，百看不厌。人们从故事的巧妙、透视法的运用、人物心理的刻画、多样统一的构图原则等多方面给予赞扬，甚至被欧洲画坛赞誉为"所有伟大画卷中的最佳珍品，是欧洲艺术的拱顶之石"。的确，当你站在这幅画的面前欣赏时，它会给你许许多多的启示和联想。你会发现，作者对透视法运用得灵活与新颖：画幅占据了餐厅一端的整个墙面，但画中的透视结构却使整幅画好像变成了餐厅的一部分，基督和他的门徒们正在那里用餐；透视法运用得更为绝妙的是，整个画面采用了极为精确而恰到好处的透视角度，这一角度的奥妙就在于，一方面使画中的墙壁、屋顶、窗户"成了"餐厅的延伸，把建筑和绿化融为一体；另一方面，视角的位置又灵活变通，以致可以精确到使横列餐桌的宽度变窄的程度。这不仅突出了人物的形体，更便于人物紧凑地构图，而且既可以仰视上部的人物，又可用俯视的角度观看桌面，而上面摆的食物历历在目，清晰可见，可谓一石三鸟，妙不可言。灵活地采用金字塔构图的多重组合也是该画的特征之一。达·芬奇把 12 个门徒分成四组，分别位于基督的两边，基督本身(头和伸出的双臂)构成了一个近乎等边的三角形，四组门徒分别构成了四个三角形，这样既突出了基督的坚定沉着及对门徒的一视同仁，又便于门徒之间情感的表达和动作的安排。于是当基督说出"你们中有一个人出卖了我!"时，便犹如晴天霹雳，举座大惊，每个人以不同的姿态表达各自的或惊奇，或惊惧，或愤怒，或怀疑，或企图辩解之神态。在这里，达·

芬奇还巧妙地利用门徒不同的姿态和手臂，把两边的两组门徒连接起来，并引向画中心的基督，这种多样与统一的原则，赋予了画面戏剧性的效果：基督的话犹如巨澜由中心冲向两边的门徒，导致他们的激动情绪并引起了全场哗然的剧烈场面，而这一场面，又伴随着门徒们对老师的忠诚与关怀，通过他们以姿态和手臂接起来的链条返回到场面的中心，回到了基督身边。在对戏剧性冲突的描绘中，达·芬奇还以明暗对照、前后比较、高低不同的细部刻画突出了画的主题：从整个画面来看，通过墙上的三扇窗户的透光，基督和众门徒都处在明亮的光线下，只有犹大（基督右边的第二人），被两名交头接耳的门徒挡住了光线，处在黑暗之中；再看众门徒，他们的目光、姿态和手势无一不是向着基督，只有犹大后倾的身姿与众不同，并形成了鲜明的对照；犹大所处的位置，不仅比所有的人都低，更有意思的是，达·芬奇以对称比较的方法，使腓力（基督左边第二人）从亮度、高度到姿态都与犹大正好相反。于是，基督的光明坦荡，犹大的阴暗卑劣；众门徒忠诚之心，犹大的背叛行径就在这鲜明的对比中被揭示了出来。就这样，达·芬奇突破了将犹大置于门徒之外的传统构图法，把他放在众门徒中，这不仅更符合生活的实际，而且以对比的方式更突出了主题。如此的杰作是达·芬奇多年劳动的结晶。《最后的晚餐》绘制于 1495—1498 年，但达·芬奇的准备工作却是从 1478 年开始的。在 20 年的时间里，他深入各类人群中，寻找模特，如为了塑造犹大的形象，他甚至深入无赖汉聚集的地方达一年之久。有趣的是，他始终认为，基督的形象是最难画的，因为现实生活中他找不到《圣经》上所说的那种十全十美的救世主的形象，连近似的模特儿也找不到。这既反映了他对现实主义的高度追求，也透露了他对生活现状的无奈。为了更确切地把握人物的形体、结构、比例和动作，他不顾教会的禁令解剖了 30 多具尸体。他写道："其实你对这个学科有兴趣，你也可能会被那天然的臭气弄得退避三舍，如果这没有约束你，你或许也会害怕在晚上摆弄这被肢解的、拨了皮的死尸。如果这没有阻拦你，你还可能缺少在这种再现原状的工作中不可缺少的素描技巧；即使你有这些技巧，也可能不和透视学的知识相结合；就算是结合了，你也可能不通晓几何学的证明方法，或是衡量肌肉的力量和强度的方法，而且你还可能缺乏耐心因而并不勤奋。"[①]为了抓住人物的典型特征，他不但研究解剖学，还做了无数次写生、素描。现在尚留存的有关画稿笔记就以百计——我们看到了他的探索精神。正是他的这种探索精神、科学态度、勤奋实践，使《最后的晚餐》成了"拱顶之石"、空前绝后的佳作。

《蒙娜丽莎》是一幅享有盛誉的肖像画杰作，它代表达·芬奇的最高艺术成就，是达·芬奇几年苦心经营的旷世佳作。蒙娜丽莎是佛罗伦萨商人焦孔多之妻，当时年仅 24 岁。达·芬奇创作此画时，在艺术上可谓孜孜以求，他把自己对人像典型的审美理想全部倾注于此。画中人物姿态优雅、笑容微妙，背景山水幽深茫茫，可以说是淋漓尽致地发挥了他那奇特的烟雾状笔法。而且，他力图使人物的丰富内心和美丽的外形达到巧妙的结合，他对于人像面容中眼角、唇边等表露感情的关键部位，也特别注重掌握精确与含蓄的辩证关系，达到神界之境，从而使蒙娜丽莎的微笑含义无穷，具有一种神秘莫测的千古奇韵，那如

---

① ［意］列奥纳多·达·芬奇：《达·芬奇论绘画》，戴勉编译，广西师范大学出版社 2003 年出版。

梦如幻的妩媚微笑，则使观者如坠云雾，直叹妙不可言。这种臻于完美的生动人像实为人文主义关于神的崇高理想的光辉的体现。

在完成《蒙娜丽莎》的同年，达·芬奇受法国驻米兰总督之邀再次来到米兰，直到1513年，法国军队被赶出米兰，达·芬奇去了罗马。从1516年起，他被法国国王弗朗西斯一世聘为宫廷首席画师、建筑师和工程师，在法国一直生活到去世。其间，他的主要绘画作品有《丽达与天鹅》《圣母与圣子安娜》《施洗者约翰》《自画像》等。作为著名的艺术家，达·芬奇的完整画作虽不多，但他的7 000多页的手稿，却为后人留下的一大笔精神财富。这些手稿，内容庞杂，涉及建筑设计、人体解剖、人物及各种植物素描、几何图形等，后人将这些手稿整理成书，已出版的有《水的流动测量》《鸟的飞翔》《生理解剖专辑》和《绘画论》。手稿中有不少素描被认为是素描艺术的最高典范。从《孕妇子宫解剖》《最后的晚餐》草图、《解剖研究》即可看出，达·芬奇的素描观察入微、线条刚柔相济、形象准确而富有气韵，并善于以密度不同的斜线条表现出明暗的变化，可以说他的素描也是难以企及的艺术品。

第二节　米开朗基罗的雕塑与天顶画

米开朗基罗·博纳罗蒂(Michelangelo Buonarroti，1475—1564)是文艺复兴时期典型的“多才多艺、全面发展的人”。他在性格方面比拉斐尔复杂得多，他的艺术也不像拉斐尔那样自始至终成为盛期文艺复兴时代美术的典型。米开朗基罗性格热情激动，对人对己要求都十分严格。也有人说他的忌妒心特别强，他妒忌拉斐尔的才能，也不喜欢达·芬奇，他和他的所有艺术保护人都不断地发生争执，他不能忍受任何不利和不合他个人心意的事情。

米开朗基罗生于卡普雷赛，卒于罗马。他从小就特别喜欢雕塑，开始时遭到父亲和叔父的反对，因为他们自认为是公爵后裔，不应参加任何体力活动，后来才勉强同意米开朗基罗学习雕塑。在瓦萨里讲述的米开朗基罗年轻时的一个故事里，米开朗基罗临摹一幅魔鬼攻击圣安东尼的德国版画时，他出门买回来一些色彩很奇怪的鱼来帮助他画邪恶的庞大幽灵。同样，在《名人传》中，瓦萨里声称，还是个小孩子的时候，达·芬奇在把蜥蜴、蝾螈、蛇和蛆等搜集到一起之后画了一个可怕的怪物。因此，根据瓦萨里的说法，这两位艺术大师少年时都利用了本地动物来绘制怪物，虽然在讲述达·芬奇的生平时，瓦萨里还另加了一个生动的细节，他记述道，达·芬奇是那么专注地描绘那些爬虫模特，以至于他都没有闻到这些虫子由于开始腐烂而发出的恶臭。米开朗基罗向美第奇宫廷所收藏的大量雕塑和绘画作品学习，这为他以后的成功打下了坚实的基础。他的创作分为两个阶段；第一阶段风格雄伟、壮丽、高亢、富有朝气，反映一种英雄气概；第二阶段的艺术作品出现某些悲怆、壮烈、骚动和不安的情绪。

《楼梯旁的圣母》是米开朗基罗18岁时所做的浅浮雕，也是现存最早的米开朗基罗作品。这件作品明显受到多纳泰罗的浮雕《圣乔治与毒蛇》的影响。《拉庇泰人和马人之战》是他的另一件早期雕塑名作，这件作品中形体之间的强烈的对抗性姿态跟《楼梯上的圣母》中型体的娴静姿态形成了鲜明的对比。

1492 年后，洛伦佐·美第奇逝世，米开朗基罗失去了庇护者。1494 年，美第奇家族对佛罗伦萨的统治被推翻，米开朗基罗离开佛罗伦萨来到威尼斯和波罗尼亚，然而他并未在此地留下作品。1496 年他又来到罗马，那里的大殿建筑、雕塑和绘画给他以难忘的印象。1498 年，23 岁的米开朗基罗接受了法国红衣主教的委托为圣彼得教堂制作《哀悼基督》云石雕像。他曾十分自信地憧憬：他将雕刻一件“在罗马所能见到的最美丽的云石雕像”。在此作品中，米开朗基罗主要表现了波提切利式的苗条和纤细的身材，着重于线条的表现。在早期的雕塑作品中可以看出，米开朗基罗并不拘泥于一种表现手法，而是根据作品内容的需要，随时变化自己的表现手法和表现形式。

《哀悼基督》这一题材曾使许多雕塑家在构图上面临困难。米开朗基罗在解决这个问题时，采用了金字塔式的构图，以圣母的宽大长袍为整座雕像的基座。耶稣裸露的身体细长还具有运动员般的矫健，他身体的脆弱性与圣母斗篷和长袍所形成的皱褶的厚重感形成了强烈的对比，从而突出了圣母的沉稳、恬静、典雅。这件作品的成功，不仅仅因为它倾泻了一种无声的感情力量和一种听天由命的悲悯，而且在于它已大大超越了基督教信仰所包含的内容，最充分地洋溢着人类最动人、最崇高的母爱。瓦萨里在《米开朗基罗生平》一书中描绘道，这个年轻的艺术家在听到一个好吹牛的伦巴第人说这件作品是某个叫戈博的米兰人所创作时愤怒不已。当天晚上，使迅速地在圣母胸前的肩带上凿上了自己的名字，非常显眼，从而永久性地确保了其作者身份不会再被否认。

1507 年春，米开朗基罗回到佛罗伦萨。刚回到故乡就接受了佛罗伦萨政府之请，开始了《大卫像》的创作。从 1494 年美第奇家族的统治被推翻，重新创建共和国以来，佛罗伦萨一直受到西班牙和教皇支持下的美第奇家族复辟的威胁，因此保卫共和国成了佛罗伦萨政府的重要任务，也成了佛罗伦萨人的一种共识。米开朗基罗的《大卫像》便是在这样的背景下雕塑成的，或许这正是他的《大卫像》与前人的地位有所不同的原因。刻刀下的大卫不再是一个少年胜利者，而是一个正准备投入激战的青年英雄。米开朗基罗以大卫脸上、身上的每一块紧张饱和强有力的肌肉，赋予其准备战斗的激情和移山倒海的威力；以他猛然甩头的动作和凝视前方的目光，赋予了他力抗强敌的钢铁意志；以他高大的身躯(高 4.1 米)恰当夸大的头和手臂、略略加长的大腿，把一个高大的英雄形象树立在了世人面前。

1505 年，教皇尤里乌斯二世请米开朗基罗去罗马，为尤里乌斯本人建造一座庄严而华丽的陵墓，地点就在圣彼得大教堂内。然而因为种种原因，米开朗基罗未能完成他的建筑夙愿，他一气之下离开罗马回到佛罗伦萨，1508 年，米开朗基罗又被教皇召到罗马去绘制西斯廷小礼拜堂里的天顶壁画，直至 1511 年西斯廷小礼拜堂重新对外开放。1513 年，尤里乌斯二世去世，米开朗基罗又回到那一度被放弃了的陵墓雕刻工程上，米开朗基罗为此项工作努力 3 年，但只完成 3 座雕像，即举世闻名的《摩西》《垂死的奴隶》《被俘的奴隶》。

米开朗基罗强调了《摩西》雕像被仰视的效果。《摩西》所要表现的是：以色列人的领袖摩西坐在椅子上，右手握住《十戒》，另一只手抚弄着长胡子，他在西奈山上制定了《十诫》，本应为此感到高兴，可是当他听说山下的以色列人重新恢复了对异教偶像的崇拜，他为此而感到极度愤怒。这座雕像的躯体和衣褶的每一个细部处理，均服从于表现人物心理气质的需要。摩西全身肌肉鼓起，血管突出，腿部似乎在缓慢地挪动。他为维护正义正要使自己的愤怒发作，可是作为以色列人的精神领袖，他考虑到自己的身份而尽力克制自己。摩西的心理是异常复杂的，这也是英雄悲剧所要渲染的主要内容之一，摩西的形象是悲剧英雄的典型形象。

《垂死的奴隶》和《被俘的奴隶》是米开朗基罗为尤里乌斯二世所制作的另外两件雕像。在这里，米开朗基罗所要表现的是以下内容。《圣经》上说：当人的灵魂从天堂坠落下来后，他就成为肉体这一牢笼的囚徒。聚集在美第奇家族生活圈的新柏拉图主义者认为：人类灵魂是被囚禁在肉体之中，灵魂总是想脱离肉体，逃回到它原来的纯正的心灵王国中去，最后只能通过肉体的死亡才能获得解脱。米开朗基罗也深受其影响，他的从岩石的禁锢中解放出神乐灵魂的艺术观，正来源于此。所以他的那些未完成的"俘虏"雕像，也似乎正在从巨大的石块中拼命地挣扎，想脱离石块束缚。

尤里乌斯二世死后，米开朗基罗先后为两位出身美第奇家族的教皇利奥十世和克雷兰七世服务。米开朗基罗为利奥十世教皇建造圣罗伦素教堂的立面建筑，同时又为美第奇家族建造陵墓。1519—1534 年，他为圣洛伦索小教堂制作了几座著名的陵墓石像，这是他一生中所承担的最后一批大型雕刻任务。米开朗基罗在制作尼摩尔公爵朱利亚诺和乌尔比诺公爵罗伦佐的雕像时，不求肖像的酷似，而是借题发挥，通过雕像去表现当时人文主义哲学的一种理想，即"积极的进取的生命"和"沉思默想的生命"。给他们的雕像下面有两组雕像，一组是《昼》和《夜》。《昼》似乎是一个未完成的男性人体雕像，他好像刚刚从梦中被惊醒，一只手在背后支撑身体，眼睛圆睁着，正越过自己的肩头向前方凝视着。《夜》则似乎服用过麻醉剂，深深地沉睡着，她的脚旁放着能使人忘却一切忧虑的一束罂粟花。另一组是《晨》《暮》，晨、暮是白天和黑夜交替时光线朦胧的时刻，也是多阴影的时光。他们象征地斜躺在洛伦佐脚下的石棺上。《暮》松弛的肌肉无生气地下垂着，他那上了年纪的安详的脸沉浸在平静的反省中；他的同伴《晨》则在沉睡中挣扎着，想要醒来，可是她的觉醒并无欢乐感，而只有身体上和精神上的痛苦。《晨》这形象是少女的化身，发育得很好，丰满而结实，全身散发出青春的活力和光辉。

1508 年的《创造亚当》是米开朗基罗的代表壁画中的重要部分。因为他在佛罗伦萨的盛名，当时的罗马教皇尤里乌斯二世邀他参加制作教皇陵墓，后又中断。1508 年，他被迫接受了西斯廷礼拜堂屋顶的壁画任务，他当时的心情是悲愤的，不料此壁画后来成为他生平最大杰作。西斯廷屋顶壁画面积达 500 平方米，是美术史上最大壁画之一。米开朗基罗在大厅的中央部分按建筑物框边画了连续 9 幅大小不一的宗教画，均取材于《圣经》中有关开天辟地直到洪水方舟的故事，分别名为《神分光暗》《创造日、月、草木》《神分水陆》《创造亚当》《创造夏娃》《诱惑与逐出乐园》《诺亚方舟》《洪水》《诺亚醉酒》。这 9 幅巨型壁画历时 4 年多才完成。由于长期仰面艰苦作画,他颈项僵直,书信都要置头顶仰视。9 幅壁画中以《创造亚当》最为出色,画中亚当的形象体魄健壮、气魄雄伟,具有强烈的意志与力量。亚当的脸上充满着敬爱和渴望的神情,他静静地注视着天父,而天父正将生命和力量赐给他。威严而慈祥的天父的造型显示出其所蕴藏的内在力量。亚当宽阔的身躯,身体各部分间优美的比例,富有弹性的皮下脉络,流畅的身体轮廓,均使这个亚当的形象成为人体画的典范之一,显示了艺术家在写实基础上非同寻常的理想加工,予同时代人极深刻的启示。早期文艺复兴的画家花了 100 年左右时间探索人体的自然规律和结构,以求创造出一个理想的人的形象,这个愿望终于在亚当身上完美地实现了。

《最后的审判》一画是受教皇保罗三世之邀为西斯廷小礼拜堂而作的大型壁画。此画浑然一体,不像屋顶壁画以建筑框边分隔,而以中央的基督、圣母和众圣徒为核心,天堂地狱善灵恶鬼皆入图画,在雄伟壮丽之中别添肃穆恐怖之感,反映了艺术家晚年思想感情的变化。但是,图中大部分人物那种精力充沛、体魄浑宏的形象仍然保持了米开朗基罗的艺术本色。1550 年米开朗基罗 75 岁,在他完成最后一副壁画时,眼睛已看不清。之后,健康情况继续恶化,从此再也没有接受过绘画任务,但他仍继续雕刻和设计一些建筑,直到 1564 年 89 岁逝世。米开朗基罗的一生虽然坎坷不平,但他在艺术上的地位和不朽贡献足以安慰他的灵魂。

第三节　善于描绘女性美的拉斐尔

拉斐尔深受达·芬奇和米开朗基罗的影响,然而其独特的艺术风格毕竟充分反映着盛期文艺复兴整个社会的理想。拉斐尔的长处是善于吸收他人艺术的长处,凭借艺术的本能在自己的美术创作中体现出这个时代对古典美术理想的追求。正如德国诗人兼评论家歌德所说,拉斐尔根本用不着去仿效古希腊人,因为他自己在思想和气质方面接近于古希腊人。

作为文艺复兴时期三大艺术巨匠之一的拉斐尔·桑齐奥(Raphael, 1483—1520)生于乌尔比诺,卒于罗马,原名拉法埃洛·圣乔奥,其父是乌尔比公爵的宫廷画师。他幼时即从父学画,有极好的天赋,后来转入佩鲁吉诺门下,至 1500 年年底已学成出师,独立承接任务。拉斐尔最大的特点就是善于吸收前辈的优秀成果并能真正领会,然后融为一体,形成自己独特的优雅、细腻的画风。他的艺术以和谐明朗的构图及秀美、风雅的形象独树一帜,极受当时人们的欢迎。《三美神》是其早期的作品,很明显地体现出宁静柔美的风格,而且又借鉴了古典艺术的精华,达到静中有动、美而不媚的境地,其构图也开始讲究均衡与集中的效果,他那种古典秀美的风格在达·芬奇和米开朗基罗的启迪下日趋成熟与丰富。此画中的人物,既没有中世纪那样消瘦痛苦的模样,也不像威尼斯画派那样过于放荡不羁,他们恬静、安宁,具有贤淑而秀美的个性。拉斐尔笔下的人物形象,是真实美和理想美两者的完美结合。

《圣母的婚礼》是拉斐尔的早期代表作。拉斐尔是个有丰富想象力和无限创造力的画家，这幅画的题材虽然是人们熟悉的宗教题材，在拉斐尔画来却有全新的艺术意义。此画在构图上还未脱离佩鲁吉诺的痕迹，但均衡与集中的效果却更为突出，显得严谨、清晰。前景中的圣母玛利亚和情夫约瑟的形象端庄文雅，富有清新纯净的气质；左边是玛利亚的女伴，右边是向玛利亚求婚遭到拒绝的青年；背景上占据画面不少地方的一座 16 角形古典风格的礼拜堂建筑的描绘特别引人注目。

《耶稣复活》是拉斐尔为梵蒂冈宫绘制的巨型壁画之一。画面与云层分为两半，上半部表现复活的基督及诸圣徒，下半部表现基督正在为患病的少年驱魔。拉斐尔遵循人文主义的思想原则，给予地上人民的形象以享有无限自由的权利，人丝毫不受神的支配和影响，人是被描述成从神权思想统治下解放出来而获得独立发展的自由力量。在这幅宏伟巨大的壁画中，拉斐尔发挥他在装饰绘画方面的天才。他的壁画已带有公共性，能与建筑物融为一体，然而又不附属于建筑物，具有独立的艺术意义。此画面人物众多，拉斐尔却处理得有条不紊，好似一部交响乐，中心突出，统一和谐，节奏分明，而每个细节都有其独特的风采。拉斐尔处理此画中众多人物时，善于捕捉人物的重要特征，充分发挥其细腻、娴熟的素描技艺，有时也从现实中寻找艺术原型，使大型壁画显得无比生动，具有强大的艺术魅力。

拉斐尔集达·芬奇和米开朗基罗风格为一体，形成了自己独立的艺术风格。他除了极为出色的艺术天赋外，还有一种惊人的能力：他善于吸收他人艺术的长处，凭借自己的艺术才能在自己的美术创作中体现出这个时代对古典美术理想的追求。

从 16 世纪起，许多著名的画家在描绘肖像画时，抛弃了他们在绘制宗教题材时所采用的理想化创作手法，而采用写实手法，以求忠实地再现所画对象的外貌和精神世界。这种写实画法的创始人就是拉斐尔，这在意大利肖像画历史上是前所未有的。《美丽的女园丁》是拉斐尔众多圣母型画像中颇有特色的一幅画。其采用的还是“莱昂纳多式的金字塔形”构图，以女园丁的美丽秀雅的面庞为金字塔的塔顶，她的坐姿和两个可爱的幼童为金字塔的基部，构图饱满而沉稳，以佛罗伦萨郊外景色为背景。这种处理肖像画背景的方法在达·芬奇的《蒙娜丽莎》中已有先例，不过在拉斐尔的笔下显得更为从容、自然。背景的色调与画面人物的表情、着装颜色十分协调，既不冲突又相互衬托，充满一种自然清新之气。女园丁随身携带的《圣经》同时又把无所不在的宗教气氛表露无遗。

拉斐尔于 1508 年应雕刻家、建筑家布拉蒙特之邀到罗马，在此充分发挥了其艺术才能。在罗马，拉斐尔为梵蒂冈宫绘制了三幅巨型壁画，表达的主题是人文主义者追忆人类过去的幸福时代而引起对未来的光明幻想。《帕尔纳苏山》便是其中之一，是代表诗歌文艺的。帕尔纳苏山是希腊神话中诸神荟萃之地，拉斐尔在此画中，除了表现神话人物，还描绘了现实生活中的人物。画中左上端第二位头饰桂冠的便是著名诗人但丁，但丁身旁昂首朗诵的则是荷马。这一群文艺之神被表现得极为自由洒脱，他们或奏乐，或辩论，或诵诗，都是处在十分融洽和谐的气氛中。《帕尔纳苏山》不仅把人们引到古代希腊文艺的繁荣境界，同时也象征着文艺复兴时期文化艺术的鼎盛气象。拉斐尔赋予这些宗教神话题材，以强烈的世俗性质，使壁画具有史诗般的宏伟规模。这说明拉斐尔除了以优雅、柔媚的圣母像著称于世外，对这样庞大的人群像的处理和恢宏、气势浩大风格的表现，也是具有非凡才能的。

拉斐尔的艺术不同于达·芬奇的艺术那样深湛、含蓄和富有理智，也不同于米开朗基罗的艺术那样雄伟、有力和充满激情的感情，其艺术以优雅、和谐、高度的完美著称于世。《西斯廷圣母》就是这样一幅完美的佳作。拉斐尔的圣母像分为两类，一类是以人间母亲的形象出现，另一类则为女王式圣母。西斯廷圣母则是把这两种圣母特征结合起来，是他理想中最完美的圣母形象。画中圣母玛利亚的形象是那样朴实、端庄、温厚，她头上没有光环，身上没有华丽的服饰，只是披着一身朴素的衣服，光着脚，眼睛里发出智慧的光芒，她抱着圣婴，缓步走向观众；她的右边是教皇西克斯特，他以手势把这位神圣庄严的女性介绍给观众；美丽的圣徒华佛娜在圣母面前表现了极大的恭顺和敬仰；下端两个可爱的天使，在圣母动人的仪容面前有些发呆地凝视。此画面让人想起了优雅、和谐、轻快而流畅的旋律，它的艺术语言是那样平易近人，使人看了都感到自己与画面人物之间的距离在逐渐缩短。

《雅典学院》是拉斐尔为梵蒂冈宫所绘的壁画中最为有名、艺术成就最高的一幅。此画背景的建筑物实际并非一座“学院”，而只是一座宏伟建筑物中的一处宽广的大厅。拉斐尔将古代不同历史时期的大哲学家和大科学家与文艺复兴时代的画家们群居于一堂。画面背景的建筑物具有气势宏伟的拱形圆屋顶，这似乎也暗示着拉斐尔及文艺复兴大师们对古希腊罗马的古典传统的青睐。此画在人物安排上处理得合理协调。中心部分的两人为托拉图和亚里士多德，周围的哲学家和科学家们均充满自信，数学家彼得格拉斯正在书写什么，一群学者围绕着欧几里得，最右边的年轻人则是拉斐尔的自画像。

拉斐尔在利奥十世任期内迁居教皇宫，成为宫廷画家，从而享尽了荣华富贵。拉斐尔的境遇与达·芬奇、米开朗基罗不一样，他少年得志、意气风发、性格开朗、和蔼可亲，除罗马教皇是他的保护人之外，他还结交了不少有财有势的朋友，其中包括大银行家等。《教皇利奥十世和两位红衣主教》是拉斐尔为教皇和主教绘制的肖像画。教皇坐在椅中，从其外表来看，他不像宗教首领而像一位文物研究者，他正在阅读一份十四世纪的文件。拉斐尔极度精确地描绘了这份文件——人们至今可以在那不勒斯博物馆里找到这份文件。两位红衣主教脸部均无表情，宛如两个戴着假面具的人。拉斐尔刻画入微地描绘了教皇的脸和双手，教皇的紧张、优柔寡断和阴郁，在华丽衣着的衬托下，形成了一种触目惊心的对比和深刻效果。

拉斐尔性格温顺，一生工作顺利，十分富裕，其一生作品众多，创作力极为旺盛，然而却英年早逝，只叹一代天才陨落。他的绘画艺术对后世的影响是不可忽视的，19 世纪法国新古典主义画家安格尔，把拉斐尔作为艺术的最高标准来崇拜和追求。拉斐尔艺术中所体现的完美和妩媚是任何时代的画家都无法超越的。

第四节　绚丽丰富的威尼斯

威尼斯画派兴起于15世纪，比佛罗伦萨画派约晚一个世纪。在16世纪中叶，当意大利经济日益衰弱，文艺复兴运动在意大利其他地区也行将结束的时候，威尼斯的文化艺术却呈现出前所未有的繁荣。这当然取决于威尼斯的有利位置和发达的经济。威尼斯的艺术主要为商人和上层社会服务。与此同时，威尼斯的艺术还有满足海外需要的任务。如果说盛期文艺复兴的罗马和佛罗伦萨美术，用清晰和谐的语言创造了一个以形象和结构为主的理想世界，那么，威尼斯画派则用光与色彩来赞美人生、歌颂现实生活。威尼斯绘画的艺术魅力在于油画的出现。

早在15世纪，威尼斯画派的奠基者乔凡尼·贝里尼(Giovanni Bellini，约1413—1516)，就已吸收了从北方尼德兰画派传来的油画技法。此外，威尼斯美术吸收了东方美术壮丽的图案纹样和阿拉伯美术精雕细琢的装饰技艺，并把绚烂典雅、富有装饰效果的拜占庭艺术风格与哥特式艺术风格结合起来。总之，威尼斯画派由于受到文艺复兴人文主义思潮的影响，对典雅而充满激情的人物姿态和壮丽的山川风景背景，持有强烈的兴趣，从而在15世纪下半叶形成了独特的威尼斯画派。威尼斯画派是从15世纪后半叶兴起的，贝里尼父子三人是其主要奠基者，即父亲雅科波·贝里尼(1400—1470)、长子贞提尔·贝里尼(1429—1507)及次子乔凡尼·贝里尼(Giovanni Bellini，1430—1516)。

雅科波·贝里尼真可谓是威尼斯画派的开山鼻祖。他是一位热衷于写生的画家，作品多为圣母像，其画风深受佛罗伦萨画派的影响，但是尚未完全摆脱14世纪初宗教画的传统影响。他画过大量的透视结构复杂的素描，并为巨幅宗教画的创作画了不少精美的素描写生。现在的佛罗伦萨、米兰、威尼斯及巴黎等地的美术馆都藏有他的一些作品。

贞提尔·贝里尼是威尼斯共和国的公职画家。在他50岁那年，接受共和国的派遣，到君士坦丁堡为苏丹穆罕默德二世绘制肖像，并用写实的手法描绘了一系列著名人物的肖像画。贞提尔晚年曾以宗教历史题材绘制了几幅具有纪念碑气派的图画，其中最负盛名的是《庆祝真十字架遗物的游行队伍》《圣马可广场上的行列》《基督的奇迹》和《圣马可布道》等。虽然他的表现手法比较拘谨，画面效果也略显枯燥生硬，但他并没有使宗教题材与现实生活的感受割裂开来，而是通过这一些画比较真实地反映当时威尼斯平民的日常生活，充满生活气息。

1. 乔凡尼·贝里尼

他不仅是贝里尼家族中最有成就的画家，也是标志威尼斯文艺复兴美术开端的一位重要画家。他生于威尼斯，卒与同地，他在发挥其画技的基础上，进一步建立了与佛罗伦萨画派不相上下的威尼斯画派。他年轻时受姐夫曼特尼亚影响较大，其后又师从画家梅西纳学习油画技法，遂自成一家。1483年被威尼斯政府任命为官方画师，享有免税特权，并建立了威尼斯最大艺术作坊，直至逝世始终活跃于画坛。他一生创作颇丰，并培养了众多艺术人才，提香即为其高足。他的创作大约可分为前后两期，以 1485 年为界，前期作品尚重线描，轮廓鲜明；后期则色彩绚丽，善于烘托气氛，浓淡光暗处理微妙，开辟了威尼斯画派的盛期文艺复兴风格。乔凡尼曾画了许多优秀的肖像画，《罗列达诺肖像》是 1501 年当选为维勒茨亚总督的罗列达诺的肖像画。画中人物神态端庄，面部刻画得细腻而丰满，深蓝色的背景衬托出衣服上的金线刺绣，色彩明亮、质感强烈，很能代表乔凡尼的艺术水平。

《有两棵小树的圣母》(1490 年，威尼斯学院画廊)中的圣母，形象含蓄凝练，是女性形象的杰作，不论造型还是动态，都有音乐的节奏和旋律，画风细致抒情，从中可以看出他的艺术逐渐脱离其父兄所继承的中世纪风格，往古典主义的豁达与宁静的方向发展。此画的构图讲究均衡感，对称的两颗小树在画面中起到了点缀的作用。与其他威尼斯画派的画家一样，乔凡尼 · 贝里尼笔下的圣母和圣婴，从不具有悲哀伤感的面容，他们皮肤丰润、头发金黄、服饰华丽，完全同威尼斯上层妇女一样。虽然他作画的题材还是离不了宗教神话的范围，却倾向于欢乐、狂热、激情的表现。画面充满热情且富于想象，色彩丰富且艳丽多彩，情调活泼明朗，洋溢着欢乐的气氛。威尼斯画派的这种画风，与其所处的社会经济繁荣有着密切的关系。

从乔凡尼 · 贝里尼从事美术创作活动的时期开始，威尼斯画派终于获得了和佛罗伦萨画派以及罗马美术流派旗鼓相当的地位。佛罗伦萨画派和罗马画派的表现手法强调塑造形体，很少表现色彩，威尼斯画派则以表现色彩为主，在描绘大自然的美好景色和人生的欢乐时，力求渲染感官的诗意感受。相比之下，佛罗伦萨画派和罗马画派则偏爱表现严肃的、理智的主题——人世间的悲欢离合、社会的美德、严格的等级观念、崇高的宗教观念、英雄气概等，因而其艺术语言也就必然强调造型，追求实体感。这两种不同的艺术语言相互关联，在西方美术史上，在漫长的发展中，成为两种不同而共存的绘画传统。

2. 乔尔乔涅及乔尔乔涅画派

很多流行批评认为，诗歌、音乐和绘画所有这些艺术作品形式只是把同一种且已定量的想象思维演绎为不同的语言，并辅以一定的技术特质，比如绘画里运用色彩、音乐里借助声音、诗歌里使用韵律词。这是错误的。因为这样一来，艺术中给人美感的成分以及艺术中所有本质上具有艺术性的一切都成了无关紧要的东西。相反，每门艺术中给人美感的材料都带有一种独特的美，它无法转化成其他任何形式，各自都是一种独特的感受状态，这是美学批判的真正起点。因为艺术所关注的不是纯粹的理性，更不是纯粹的心智，而是通过感官传递的"充满想象力的理性"。而美学意义上的美有很多不同的类型，对应不同类型的感官禀赋。因此，拥有各自独特而不可转化的感官魅力的各门艺术，也有着各自独特的呈现想象的模式，对各自的材料手段负有责任。美学批判的一个任务就是确定这些界限，来评估一个给定艺术品对自己特定材料形式的负责程度；一幅画的真正魅力所在，一方面既不单单只是一个富有诗意的构思或情感的表达，另一方面也不仅仅是色彩或构图上的技巧所营造的效果；一首诗真正属于诗歌的特质，不单纯是描述性或沉思式的，而是来自对韵律语言，即歌唱中的歌曲元素的创造性处理；一首乐曲的音乐魅力，不表现为语言，并且与情绪和思想无关，可以从其具体的表达形式中脱离出来。

艺术之美丰富多样。莱辛[①]在《拉奥孔》中对雕塑和诗歌领域进行的分析，对这样一种哲学的提出，贡献甚大。但是只有考虑到这种艺术思辨论的整个体系才可能真正理解这些东西。目前，在绘画领域的艺术批评中这一点亟须加强。因为在对绘画作品的流行批评中，最为普遍的是将所有艺术普遍错误地泛化为诗歌形式。他们或者认为一切都只是来自对线条勾勒或笔法技巧的掌握，其间当然离不开理解力的参与；或者认为，一切只是一种诗意的兴致或是可以称为文学的兴趣，同样也用来展现智慧。大多数观众以及许多批评家都持此观点。他们一直没有看到绘画真正的内在之美，它源自对线条和色彩富有创意的运用与处理，而这需要真正的绘画才能——后者是前者独一无二的保证；它们在荷兰绘画中几乎总是出现，在提香或委罗内塞的作品中也经常可以看到，而它几乎与其所表现的主题中任何明显具有诗意的东西无关。它是这样构图的：那是从其独特的气质或构造中投射出来的设计，虽然真正的解剖比例很可能被忽略，但是其中所有一切，无论多么抽象或模糊的诗意和想法都会成为可见的景色或形象浮现出来；它是这样着色的：对光线的编织，就像提香的《花神》中那抹穿透服饰、肉体和空气，让人很容易察觉到的金色光线，给整个画面赋予了一种全新的、令人赏心悦目的物理特质；它是这样构图的：由丁托列托飞舞的人物、提香森林里的树枝在空中勾勒出的精美的阿拉伯式花饰；它是这样着色的：像提香的《花神》和鲁本斯的《下十字架》中那种光线和色调营造出的神奇氛围。所有这些绘画的本质特性首先必须能取悦感官，就像一小片色彩绮丽的威尼斯玻璃，能带来直接的、感官的愉悦；而且也是通过这种愉悦将创作者意图中那些超越诗歌或科学的东西表现出来。一幅伟大的画作，在其主要方面能向我们传达的确切信息，也无非就是光与影在墙壁和地板上偶然的、短暂交汇的情景。事实上，它本身就是一片这样的光线投射下来形成的空间，这些光线被捕捉到了，就像东方地毯里的色彩一样，并且与自然界本身所存在的相比，得到了更为精致巧妙的修饰和处理。如果这种最重要和最基本的条件被满足了的话，我们可以从微妙的层次变化中一步步地向上追寻诗歌转化成绘画的踪迹。例如，在日本的扇绘中，我们开始看到的只是一些抽象的色彩；然后，描写花朵的诗歌会带来那么一点诗画交融的感觉；接下来有时候就变成了完美的花卉画；如此下去一直到提香那里，就像他在《阿里亚德》中抒发出来的诗意那样，在他那幅保存在威尼斯的《圣母进殿》中，在那个身着丝袍、沿神殿台阶拾级而上的小巧而精致的人物身上，我们如此真实地感受到了孩子般的真性情。

虽然每门艺术都有着各自特殊的印象风格和无法转换的魅力，而对这些艺术最终区别的正确理解是美学批评的起点；然而需要注意的是，我们可能会发现在其对给定材料的特殊处理方式中，每种艺术都会进入到某种其他艺术的状态里。这用德国批评家的术语

① 戈特霍尔德·埃夫莱姆·莱辛(Gotthold Ephraim Lessing，1729—1781)，德国戏剧家、戏剧理论家。其主要作品有《拉奥孔》《关于当代文学的通迅》等。

说，就是“出位之思”——从自身原本的界限中部分偏离出来；通过它，两种艺术其实不是取代彼此，而是为彼此提供新的力量。

因此，一些最美妙的音乐似乎总是近似于图画，接近于对绘画的界定。同样，建筑虽然也有自己的法则——足够深奥，只有真正的建筑师才通晓——但其建造过程有时似乎像在创作一幅绘画作品，比如阿雷那的小教堂；或是一幅雕塑作品，比如佛罗伦萨乔托高塔的完美统一；它还常常会被解读为一首真正的诗歌，就好像那些卢瓦尔河乡村城堡里奇形怪状的楼梯，好像是特意那样设计，在它们奇怪的转弯之间，人生如戏，生活大舞台上的演员们彼此擦肩而过，却看不见对方。除此之外，还有一首记忆和流逝的时间编织而成的诗歌，建筑常常会从中受益颇多。雕塑也一样渴望走出纯粹形式的森严界限，寻求色彩或具有同等效果的其他东西；在很多方面，诗歌也从其他艺术里获得指引，一部希腊悲剧与一件希腊雕塑作品之间、一首十四行诗与一幅浮雕之间、法国诗歌与雕塑艺术之间的类比，不仅仅是一种修辞。所有艺术都共同地向往着能契合音乐之律。音乐是典型的、或者说是至臻完美的艺术。它是所有艺术、所有具有艺术性的事物“出位之思”的目标，是艺术特质的代表。

所有艺术都坚持不懈地追求音乐的状态。因为在其他所有形式的艺术里，虽然将内容和形式区分开来是可能的，通过理解力总是可以进行这种区分，然而艺术不断追求的却是清除这种区分。诗歌的纯内容，例如它的主题，也就是给定的事件或场景；绘画的纯内容，即一个事件的真实情境、一处景观的地形地貌，如果没有创作的形式、没有创作精神与主旨，它们就什么都不是。这种形式，这种处理的模式应该终结于其自身，应该渗透进内容的每个部分：这是所有艺术在不断追求，也在不同程度上实现了的东西。

如果我们想一下实际的例子，这些抽象的语言就会变得清晰明了。在一幅现有的风景画里，我们看到一条长长的白色小路突然消失在山边。这是阿方斯·勒格罗[①]的一幅蚀刻画中所描绘的内容。只是，在这幅蚀刻画中，这一内容却蕴含了一种内在的严肃性。这种严肃性或许是创作者在某个特殊瞬间感触或部分地感触到的，或者也可能是来自他自己的情绪；但他在整个作品中一直把这种严肃性作为非常核心的东西。有时暴风雨前夕短暂出现的一抹光线可以给一个平常或是我们非常熟悉的景象赋予一种很可能源自作者想象深处的特色。此时我们可以说这种独特的光线效果，这种即兴将金色线条编织进干草堆、白杨木和小草里的渲染处理，赋予了景色如诗如画的艺术特质。这种情境上的处理技巧在一些本身没有什么显著特色的风景画中最为常用。因为在这样的景色中，所有实实在在的细节都能非常轻易地被短暂闪过的、极具穿透力的光线所笼罩，画面由此而整个地达到一种赏心悦目的全新效果。因此就风景画的大多数要素而言，法国的河畔显然要优于瑞士的山谷，因为法国的河畔地形简单、内容简单，这些外在的东西本身并不很重要，不过这一切都非常纯粹、原始而自然并有种内在的宁静，仅利用光线和阴影就能很容易地为其营造出一种主色调。而威尼斯风景中有很多硬调的东西，质地坚硬或棱角分明；

① 阿方斯·勒格罗(Alphonse Legros，1837—1911)，英裔画家，一生创作了大量的铜版画。

但是威尼斯画派的大师们似乎没有受到它们的困扰，以阿尔卑斯山为背景，他们只保留了某些抽象的元素，比如冷峻的色彩和宁静的线条，运用其中真实的细节，比如风中棕色的小塔、淡黄色的田野和美丽的森林景致，但是就像音乐的音符适时地伴随男男女女出现一样，这些细节展现给我们的只是某一风景的精神或本质——一个纯粹理性或有着半想象记忆的国家。

诗歌最初也是用文字表现纯才智的作品，它通常表现一个明确的主题或场景。有时它可以成为表达道德或政治抱负的一个高贵且名正言顺的工具，比如维克多·雨果的诗。在这样的例子中，人们很容易辨别内容和形式，不论其内容、主题和用来表现纯才思的元素已被赋予了多少鲜明的艺术特质。但是诗歌的理想类型是那些把这种区分降到最低限度的作品，于是抒情诗成了，至少从艺术性上讲，最高层次和最为完整的诗歌形式。这恰是因为，在不减除内容本身的什么东西的情况下，我们最难把它的内容和形式区分开来。这些诗歌的完美似乎常常要部分依赖于对单纯主题一定的弱化或模糊化，这样诗歌的含义就不会以理解力能明确追寻的方式传达给我们。这就像在威廉·布莱克①一些最具想象力的作品以及常在莎士比亚诗歌里出现的情形，比如《一报还一报》中玛丽安娜侍从之歌就是典型的例子，那种令人兴奋的力量和整个戏剧的诗意好像在某个时刻变成了一段真实的旋律。

这个原则对所有具备一定程度艺术特质的事物来说都适用。比如，我们家里的家具、衣服，或者生命本身、手势、言语以及日常交流的细节，所有这些对智慧之人而言，都可能是赏心悦目、令人着迷的，它们的美是在日常生活中出现或在进行时被发现的，这种特质也赋予了它们自身以某种价值。在这里，有价值和有公认魅力的东西还是存在于被称为时代风尚的东西里面。这种风尚把语言、礼节和衣着方面的琐碎细节升华为“追求的极致”，在言谈举止中赋予它们一种神秘的优雅气质和魅力。

因此，艺术总是追求独立于纯理智之外，成为一种纯感觉的东西，并极力摆脱其对主题或是材料的责任；诗歌和绘画的理想范例是那些构成元素在其中紧密融合，其材料或主题不仅仅对智力形成吸引力，其形式也不仅仅是为悦目或悦耳；而是形式和内容在融合或统一中呈现一种整体的“富有想象力的理性”效果，而这种理性有着复杂的机能，每种想法和感觉都与其可感知的相似物或象征物孪生存在。

而音乐这门艺术最大限度地实现了这种艺术理想、这种内容和形式的完美统一。在极致完美的时刻，目的和手段、形式和内容、主题和表达并不能截然分开，它们互为对方的有机部分，彼此完全渗透。这种完美瞬间的状态是所有艺术都应该不懈向往和追求的。如此，不是在诗歌中，而是在音乐里我们将会找到完美艺术的真正类型或标准。因此，虽然每门艺术都有不可言传的元素、不可转化的表现手法以及为“富想象力的理性”所感知的独特模式，但是可以说这些艺术都表现为对音乐的法则或原则不懈的追随，力求达到只有音乐才能完全达到的状态。从这个意义上讲，在面对或新或旧的艺术品时，美学批判的

① 威廉·布莱克(William Blake，1757—1827)是十八世纪英国第一位重要的浪漫诗人、版画家。

主要任务之一，就是评估每一件作品接近音乐法则的程度。

没有哪个流派的画家像威尼斯画派那样，不着痕迹但却如此准确无误地领会了绘画艺术必然存在的局限，并如此充分地理解了一幅画中绘画的本质所在；顺着这一思路，刚才所讲到的或许可以作为一个比较合适的引言，来引出下面对乔尔乔涅的介绍。虽然最近的批评已从一部据认为是出自他之手的作品中吸取了很多观点，然而他用自己的艺术，比任何其他画家都更全面地总结了威尼斯画派的精神。

威尼斯画派最初期的作品与拜占庭装饰末期僵硬呆板、野蛮粗放的风格相连。它们只是在慕拉诺多诺大教堂或圣马克教堂墙壁的大理石或金色表面的创作中，增加了些许人文色彩。在后来的发展过程中，始终受制于建筑效果的影响，威尼斯画派的作品从没脱离其早期风格的影响。因为没有受到自然主义、宗教神秘主义或是哲学理论的影响，也就没有变得复杂化，当然也就没有产生乔托、安吉利科或是波提切利。思想和情感的压力曾严重地困扰着佛罗伦萨画派的各代艺术家们，却没有影响到威尼斯画派早期的画家们，一直到卡尔帕乔和贝里尼，他们好像从没有任何一刻受到过如此大的诱惑，以至于忽略了他们艺术范围的严格界线，或是忘记了绘画首先是装饰性的，是一件满足视觉的东西，是墙上的一片色彩空间，只是比它所装饰的珍贵宝石或是上面阳光和阴影偶然交替的景致更加巧妙地混合融汇了色彩——这是出发点也是最终目标，不管此间有什么更高级的思想内容、诗情画意或是宗教寓意参与其中。最后，在最终掌握了自己艺术的所有技巧后，乔尔乔涅登场了，带来的不仅仅是“神圣之火的一粒火星”。他是一种新的绘画类型的创始人：那些作品很容易移动，既不为祈祷之用，也不用来进行寓言性或历史性教育——一些与周围的家具或风景和谐共处的现实中的男女——源自真实生活的片段、对话、音乐或戏剧，但会在此基础上加以修饰或理想化，直到它们看起来像是对生活远远的一瞥。那些在建筑框架内乖乖填充自己位置的、有着更巧妙颜色混合的色彩空间从此被乔尔乔涅从墙上剥离了下来。他借一些技艺娴熟的雕工之手给它们装上画框，这样人们可以很容易移动它们，去哪里都可以随身带走，就像一个人可以随身携带一首诗的手稿或是一件乐器，可以随意用作自学、自我激励或是安慰的手段，就像一个有生命的东西，可以进到陈列柜中，可以像某种精选的香草一样为房间带来芬芳的气息，它们也像人一样和我们一起生活一天或是一生。对于所有像这样的艺术，这种从那时起就在人类文化中扮演了如此重要角色的艺术来说，乔尔乔涅是创始人。但是他身上那种古老的威尼斯式的清晰或公正以及对绘画艺术本质局限性的认识都清楚可见。虽然他把一种直接来自于丰富而敏感的生活感受的激情诗意融进他的绘画作品里，但在选择主题或是选择主题的某个方面时，在单纯主题要服从画面整体设计、服从画的主要目的的考虑中，他表现出那种典型的所有艺术竭力向音乐靠拢的渴望，对内容与形式完美统一的渴望——关于这一点我此前一直在努力阐述。

乔尔乔涅几乎和提香同时出生，虽然比他稍早一些，这两个老乔凡尼·贝里尼同期的学生几乎可以算是同时代的人。乔尔乔涅和提香的关系就像勃朗宁诗歌中索尔戴洛和但丁的关系一样。提香离开贝里尼以后，接着成了乔尔乔涅的学生。他在乔尔乔涅死后又继续创作 60 多年;他的作品如此丰硕,几乎在所有欧洲较大的城镇中都能找到他作品的一些残片。而那位稍微年长的乔尔乔涅只有少数有限的实实在在的作品(他留给我们的作品,严格说来似乎仅有一幅是确定的),但他却在基本主题和原则中表达了那种精神——它本身就是所有威尼斯艺术长久以来努力的最终结果——提香也在他一生的活动中广为传播。

另外,乔尔乔涅的盛名之中总包含一些玄妙虚幻的东西。他和许多作品——素描、肖像画与田园画的确切关系一直都扑朔迷离,这些作品分别在不同的收录辑子里被归到了他的名下。然而,有 6 幅或 8 幅保存在德累斯顿、佛罗伦萨和卢浮宫的作品被认定确是出自他的手笔。如果说古老的威尼斯画派一些辉煌的人文主义成就似乎保存在哪里的话,那就是在这些画作中了。但也有人认为,在这 6 幅或 8 幅著名作品中只有一幅确定是乔尔乔涅的作品。关于这一主题的研究最终完成了,并且像在其他情况下一样,它并没有使过去的历史更加真实,只是让我们确定,我们实际拥有的比看上去的更少。为乔尔乔涅即时赢得名誉的大部分作品,那些为瞬间效果而做的作品很可能几乎在他自己的时代里就消失了,例如威尼斯德国商会所正面墙上的壁画便是如此,上面深红色的痕迹仍能使人感受到交易所的壮观场景。然后在大约 16 世纪中期的一段时间里,乔尔乔涅的作品及本人的真实轮廓变得模糊不清。对于富有但对真伪并无鉴赏力的艺术爱好者而言,收集所谓乔尔乔涅的作品成为时尚,于是坊间出现了大量的仿制品。

乔尔乔涅保留下来的东西已经能够充分解释为什么这个名字会演绎出传奇,为什么在很多情况下,这个名字会和其他人最大胆的作品联系在一起。在皮蒂宫的《田园合奏》里,一个修道士穿着斗篷,剃了头发,手按大键琴的琴键;一个牧师在他后面,握着六弦琴的手柄;第三个人带着有羽饰的帽子,好像在等待过门,准备开口唱歌。这幅作品毫无疑问是乔尔乔涅的。举起的手指的轮廓、羽饰的痕迹以及精美亚麻布的一根根细线,在它们全部消失在那种平静的、非尘世的光芒之前,已牢牢植根于人们的记忆之中;那种抓住四处游荡的音波并把它们永远固定在嘴唇和双手上的技艺——这些的确是这位大师自己拥有的。而批评虽然把大量迄今为止被认作乔尔乔涅的作品分离出去,但建立了他对这一幅作品的所有权,使它成为艺术世界里最宝贵的作品之一。

这幅《田园合奏》的特质,在设计、执行和在人物类型选择中维持的持续不变的完美平衡值得注意,这种特质成为判定乔尔乔涅真正作品的标准。然而画作中某些缺点并不影响观众对明丽格调中非凡魅力的享受,因为整幅图画在这种格调下,看起来充满了某种飘风追寻般的光辉和活力,在举手投足、眼神顾盼、衣饰之间,随处可见。同样,卢浮宫中另外一幅受欢迎的作品,某位诗人①欢快的十四行诗的主题——《乡间聚会》被认为是塞巴斯蒂安·德尔·皮翁博②的摹仿者,事实上人们回想这些珍品时时常会想到诗人自己的画作;威尼斯学院保存的《暴风雨》被认为是仿品或者可能是“16 世纪某个高超工匠”的

---

① 指但丁·加百利·罗塞蒂——作者注。

② 塞巴斯蒂亚诺·德尔·皮翁博(Sebatiano del piornbo, 1485—1547)最初跟随乔凡尼·贝里尼学画,后又为同门前辈乔尔乔涅的画风影响。

作品。

这些批评很随意地把他实际创作作品的数量减少了，但并没有给这位画家众所周知的生活和个性情况增添任何重要的东西：它只不过更加精准地确定了一两个日期，一两种情境而已。乔尔乔涅在 1477 年之前出生，在自由堡度过了童年时代。那里阿尔卑斯山的威尼斯段最后的峭壁被园林般雅致的景色隔断，变成了平原。母亲是维戴拉哥的农家女孩，他作为巴巴雷里家族的非婚生子很早就进入了显赫人士——特权阶层的圈子。他开始了解个性类型、行为方式甚至衣着方面的不同，这些区别在皮蒂宫里的《田园合奏》中最为显而易见。离他家不远住着前塞浦路斯皇后科纳拉的凯瑟琳；在目前仍保留下来的高塔上住着图齐奥·科斯坦佐，著名的佣兵队长——在迅速变化的文明中成为中世纪派头的独特残余。乔尔乔涅给他们画肖像画。图齐奥的儿子马泰奥早夭，为了纪念他，乔尔乔涅修饰了自由堡教堂的小礼拜堂，这次他的画可能是画在祭坛上。这是他的真迹中最早的一幅，现在在那还能看到。画中人物是圣徒武士利贝拉莱。这幅作品最初的小幅油画习作是国家博物馆的珍品，画中人身披闪着微光的银灰色盔甲。在那个人物身上，就像在其他被认为出自他之手的骑士身上一样，人们曾认为画家揉进了自己优雅的形象。最后，他自己离开威尼斯回到家里，虽然早逝但是功成名就。大概在他 34 岁的时候，在一个他用音乐来款待朋友的聚会上，他遇到了一个令他深深迷恋的女子。瓦萨里说“他们在一起很快乐”，“两个人相互爱慕”。关于这件事的两种完全不同的传说都认为，是这个女子导致了他的死亡。有其他人认为，乔尔乔涅因为她被自己的一个学生抢走，受到双重的背叛悲痛而亡；瓦萨里说，她其实患有瘟疫，而乔尔乔涅像往常一样去看望她，并因为亲吻染上了致命的疾病，匆匆离开了人世。

但是，虽然乔尔乔涅现存作品的数量因近期的评论而减少，但当与他有关的真正的、传统的元素被区分出来的时候，一切都不算什么；因为和一个伟大名字相联系的不真实东西大多很具有刺激性。对美学家而言，在乔尔乔涅和他现存的真迹之外，还有乔尔乔涅风格：这是一种影响、一种艺术精神或类型。它们在如此不同的人身上活跃着，正如同许多被猜测是他的作品实际上是别人所作一样。事实上，一个真正的流派是由很多因素汇聚形成的，包括所有这些正确或错误地归为他的伟大作品；那些很多不知名或不确定的工匠创作的复制品或略加修改的仿制品，他们的素描或草图因为各种原因而被归至乔尔乔涅名下；他给同时代人留下的直接印象，而这印象也使他活在人们的头脑中；主题和创作手法的众多传统从他那里传到我们的时代，我们通过对它们的回溯还原原初的形象。乔尔乔涅因此成为威尼斯本身的化身，成为它投射出来的映像或者理想以及其中使得所有关于这个伟大年轻人的记忆变得清晰而明确的色彩强烈或魅力四射的一切。

现在，让我最后再说明一下这个乔尔乔涅画派（如果我们可以这样称呼它的话）的一些特点。对我们中的大多数人来说，尽管有“新瓦萨里”的种种负面批判，仍能用保存在佛罗伦萨、德累斯顿和巴黎的著名作品来标明它的身份。因为它为我们界定了某种艺术理想——对某一特定的艺术目的或过程的概念，不论我们在哪里发现它，不管是在威尼斯画派的作品里还是在我们自己时代的作品里，我们都可以理解为是乔尔乔涅风格。保存在皮蒂宫中的《田园合奏》这幅确定出自乔尔乔涅之手的作品是一个典型的例子，也是一个验证此流派及其流派精神与大师之间联系的保证。

一件艺术作品的内容或主题与其形式之间的某种相互渗透，即只有在音乐中才能完全得以实现的状态，是每种艺术形式都在永恒追求的状态。在绘画艺术中，这种理想状态的获得、这种主题和色彩构图元素的完美渗透，当然，在很大程度上依赖于主题或是主题阶段的灵活选择，而这种选择是乔尔乔涅画派的秘密之一。它是风俗画派，主要创作田园诗画，但是在创作这种绘画诗的过程中，在选择最迅捷、最完全适应的图画形式，以便通过素描和色彩来完整表达内容等方面他练就了一种神奇的手法。因为虽然此流派的作品是诗画，却属于一种无需讲述就能展现其中故事的诗歌形式。大师在做出决定、把握时机、迅速反应方面是卓越不凡的，乔尔乔涅对画面人物的塑造解决了绘画能否像雕塑一样完全展现物体的令人迟疑的问题。突然的动作、思维的快速转变和一瞬即逝的表情——他捕捉到了瓦萨里评价他时所说的那种活泼的线条和鲜明的色彩。“它属于乔尔乔涅。”他这样说。现在它是戏剧性诗歌最高门类的理想的部分，给我们展现了一种深刻的、具有重大意义的活生生的瞬间：一个简单手势、一道目光，也可能是一抹微笑——短暂但却具体的瞬间——然而，一段漫长历史的所有主题、所有的趣味和效果都浓缩其中，而且似乎在一种对现在的强烈意识中承载了过去和未来。这些是乔尔乔涅画派在掌握了高超手法的同时，从古老的威尼斯市民那个狂热、喧嚣、多姿多彩的世界里选取的理想瞬间——时间流逝中精致的停顿，我们被吸引于其中，似乎在观看存在那里的所有的丰盈内涵，而它们也像是生活的完美精华或典范。

所有这样的艺术都真正渴望达到音乐的法则或状态。而在乔尔乔涅画派中，音乐自身的完美时刻、对音乐的创作或聆听、歌曲或它的伴奏本身就和主题一样突出。威尼斯那种寂静的背景给现代参观者留下如此深刻的印象，意大利音乐的世界就是在这样的背景下形成的。在主题的选择上，与所有其他方面的选择一样，《田园合奏》中，可以发现乔尔乔涅身影，他本人就是一个出色的音乐家。在各式各样收藏中的素描或已完成的作品里我们可以发现许多复杂的变体——人沉迷于音乐中；人们钓鱼的水池边奏出音乐，或者是音乐混杂着井里水罐的声响，或是河流对面的声音，抑或羊群的叫声；乐器的调音。就像柏拉图在《理想国》中的一段精彩描写那样，人们带着专注的表情，好像在聆听，以捕捉乐声里最短的间隔、空气中最小的波动；在无弦乐器上于思索中感受音乐，不断锻炼耳朵和手指，以此来满足对甜美声音的渴望；黎明中对乐器的刹那一触，如同一个人在邂逅的人群中行走的时候经过某个陌生的房间。

那么在这些乔尔乔涅画派最喜欢的瞬间，即音乐或我们生活中糅合着音乐的间隙中，生活本身被构想成一种聆听——聆听音乐，聆听朗读小说的声音，聆听水声，聆听时间的飞逝。这些时刻其实常常是我们玩乐的时刻，我们因自己的时光里看起来最不重要的部分受到意外的眷顾而惊喜。不只是因为很多情况下，人们在玩乐中真正投入了自己最佳的精力，而且因为在这些时候，我们卑屈的压力和平时的注意力放松了，外部事物中更愉快的力量得以自由通过，随我们同行。因此，乔尔乔涅画派常从音乐过渡到进行和音乐类似的玩乐，举行那种假面舞会，就像小孩子“过家家”，舞会参加者穿戴起奇异的老式意大利服装，色彩丰富，或者装饰着古怪而漂亮的刺绣或皮毛，而这位大师则是如此奇异的设计师，在手腕或喉咙处一尘不染的白色亚麻布之上，他如此巧妙地创作着。

但是当人们满足于这块干渴的土地时，水流也就在不远处了。在乔尔乔涅画派里水的表现——水井，或是用大理石镶嵌边缘的水池，汲水或是倒水，就像《乡间聚会》里一个手上带着珠宝的女人从水壶里倒水一样：她在倾听，可能是听水落下的清冷、混着笛声的声音——这些和音乐本身一样具有特色，而且几乎一样具有启发性。并且风光似乎也乐于承受这水流：一片被水冲刷过的清新风景里，新降的雨水穿越空气汇入长满草的水沟里。另外，在乔尔乔涅画派中，空气就像正在呼吸它的人们一样鲜活，并且基本上像是在天堂里，所有杂质都被燃烧干净，没有污点也没有任何漂浮的微粒，只有它本身适合的成分才被准许存在于其中。

它的风景是那种我们在英格兰称作“园林景致”的东西，乡村建筑、优质的草地、成片的树木，为追求雅致的效果而灵巧地起伏，让人感到难以捉摸的精致。只有在意大利，所有的自然物才好像都被金色细线编织，就连柏树黑色的褶层里也有。而且这些威尼斯派画家似乎都是用这种金粉或金色丝线创作的：他们抽出这种精美的丝线，描画出庄严的人类肉体，以及茅草小屋的白色灰泥墙；群山更为粗糙的细节褪变成一种和谐的远景；位于地平线上的一座深蓝色山峰依然存在，但只是作为一种真实可感的证物，证明这里有我们需要向有着昏暗雨季和溪流的阿尔卑斯山索取的清冷。然而，当眼光从一个层次移向另一个层次，穿越悠长的山谷，山谷里雅各和大天使在羊群中拥抱，这是多么真实而又虚幻的空间！哪里也没有比这种再平衡，这种调整后的风景和人——人类形象和它的附属品——之间的和谐一致更加真实的例子了。它已被认作是威尼斯画派的特点，所以其中人和风景都不再是对方单纯的凭借。

3. 提香

提香(Titian，1490—1567)是威尼斯画派最杰出的艺术大师。瓦萨利曾说：“就色彩而言，他是大自然最伟大、最出色的模仿者……那完全可以与乌尔比诺的画家和米开朗基罗平分秋色。”提香大约于1477—1490年出生在卡多列镇一个军人家庭。提香从小喜欢绘画，9岁时开始接受绘画启蒙教育，12岁到乔凡尼・贝里尼的画坊当学徒，和乔尔乔涅成了同窗。乔尔乔涅年长他几岁，但其技艺相当成熟，并形成了自己的风格，提香特别崇拜自己的师兄，处处服从他，反而不听师傅的话。据说贝里尼一气之下，将他俩赶出了画坊。师兄两人只好靠绘画来维持生活，提香成了乔尔乔涅的助手，受益匪浅。乔尔乔涅英年早逝，提香完成了师兄最后两幅作品——《田园合奏》和《入睡的维纳斯》后，开始了自己独立的艺术生涯，一生共创作了500多幅画，使威尼斯绘画进入光辉灿烂的盛期阶段。

如他的《神圣的爱与世俗的爱》《花神》等，虽明显带有乔尔乔涅风格的印记，但已显示出提香自己的特征：活泼明快，善于揭示不同人物的性格。《神圣的爱与世俗的爱》画面寓意的模糊、风景的美丽与人物间的和谐、丰满靓丽的裸体女像无疑都带有乔尔乔涅的风格，所以有人认为，该画可能是提香对乔尔乔涅艺术遗产的全面总结，但同时也显示出他自己特有的对活泼明朗的追求和揭示人物性格的手法。画面上象征圣、俗两种爱情的女性分别坐在一个用古典石棺改装的水池两边，一个盛装，一个裸体。过去人们按基督教传统观念理解，认为裸体形象象征世俗之爱，而盛装的形象则象征神圣之爱。可近年来，人们通过对画本身的研究和对提香创作思想的理解得出了一个正好相反的结论。分析者认为，人文主义崇尚古典，而古典艺术以裸体为神圣，着装则俗，盛装就更俗，这自然是提香所服膺的古典思想的标准；而画面的内容，无论是人物还是背景也都与此相符合。提香笔下的圣爱，健美丰满，明亮的橙黄色描绘出女性身体特有的柔和及肉体的质感，充满了强烈的青春活力。毋庸置疑，这是一幅人们最喜爱的古典油画。

提香是特别出色的色彩画家——“现代西方油画之父”。在画面上对色彩的大胆运用，对冷热色彩相互作用的深刻理解，对色彩关系的微妙而精确地掌握处理，既是提香艺术的主要特色，也是古今中外同行们所深深叹服及借鉴的地方。《圣母升天》是一幅祭坛画，它在16世纪被誉为“近代第一杰作”。此画表现了圣母升天的情景：玛利亚身躯矫健，衣衫飘逸，在跳着环舞的小天使们的簇拥下扶摇直上，好像被一种激情所充溢，生命的起源在圣母身上得到体现。这幅宗教题材的画，包含有对天庭的大胆挑战，宣扬了人的精神自由。此画分为三段，即地上的圣徒群众，云中升天的圣母和天顶的上帝。采用的环形构图吸收了米开朗基罗和拉斐尔的风格，然而富丽的色彩和热情奔放，充满生命力量的人物形象则体现了提香的独特风格，而且在表现强烈的运动、力量和雄伟的体魄方面，不仅可以和米开朗基罗媲美，而且为威尼斯画派开拓了全新的领域。

在提香生活的时代中，西方艺术界发生了一件重大的绘画技法的革新：画家们开始在帆布上作画，而不仅是在嵌板和墙壁上作画。帆布有粗糙的布纹，跟光滑的嵌板或墙壁作画效果不一样，这种绘画传统是提香所奠定的。《巴库斯与阿里亚德尼》是提香的油画杰作，其诞生标志了提香创作旺盛时期的到来。画面的内容是：少女阿里亚德尼被负心汉忒修斯遗弃在那克索斯海岛上；酒神巴库斯来到海岛，向她求爱，使这位心灵受到创伤的少女获得真正的爱情。这幅作品是提香对人生幸福与欢乐的狂热颂歌，画面由那种静谧、柔和的情调，转向热情奔放的表达，画里的人物已经丝毫感受不到禁欲主义或封建礼教的束缚，他们都好像挣脱了缰绳的野马，在那里自由地狂吼奔驰，人的意志和个性已得到完全自由的伸展，这样的精神从少女和酒神的形象上得到精致的表现。歌颂人生欢乐的作品，不是引导人们以“得过且过”的消极心理来对待生活，却是要人们相信未来。因此这幅作品中会渗透着那样豁达明朗的、英雄气概的欢乐精神，它可以看作是艺术家奉献给充满自信的人类感情的美与力的赞歌。画面上气氛热烈，色彩十分丰富鲜艳，生活味十分浓郁，这就是提香的风格。当然，他的这种艺术风格与他的人生处境的得意非凡是分不开的。

《乌尔比诺的维纳斯》是提香为乌尔比诺公爵作的油画，此画为以后几百年西方女性人体艺术树立了典范。他虽以维纳斯女神之名，实际上表现的是日常生活环境中一位美丽的裸体女性。维纳斯取躺卧姿态，与乔尔乔涅《睡着的维纳斯》相仿，背景却不是牧歌式的田园风光，而是一间贵族的居室。女主人似乎意欲休憩，卧榻旁有小犬相伴，室内还有女仆，画风充满世俗生活的家庭情趣。此画中的维纳斯，体态健康完美而趋于典型理想的女性形象：神采奕奕，楚楚动人。提香这种“斜倚的女人体”姿态，为后来西方许多画家所采用。此画在色彩方面也非常吸引人：亚麻布的灰白色、人体金黄而接近象牙的光泽与色彩，与暗红色的物体包括裙子的红色、挂毯的暗红色形成对比，观众只有细心地观赏这些作品，才能领会到提香用色的高超技艺。他笔下的色调完全是随心所欲的神来之笔，不光是表现物体的本来色，也被用来塑造形体和表现空间关系。

提香同时也是颇负盛名的肖像画大师，他画的男女老少的头像都很成功。他的肖像画还带有风俗画的风韵，他以表现模特的魅力、力量、青春完美的性格而著称，同时他还能捕捉更深层的意蕴和本质，所以他的肖像画作品都具有深刻的个性和时代感。提香在表现女性人体方面具有非凡的才能。与乔尔乔涅的人体画相比，乔尔乔涅着重强调的是田园牧歌式的优雅情调，提香追求的是现实情感和世俗之美的人体的肉感。

《戴荆冠的基督》是提香晚年的作品。如果说提香早期、盛期的艺术作品是一幅幅热情的颂歌，那么他晚期的作品则是一种无可奈何地对宗教的崇拜。在他生命的最后几年中，他的作品越来越多地流露出作者精神状态的变异——性格比较内向，这种情绪突出地表现在《戴荆冠的基督》中。在此画中，画家似乎是在表现虔诚的宗教感情，这种倾向迥异于他早先的异教开放思想，他着重表现基督被彼拉多的士兵们所折磨，基督的表情是痛苦和疲惫不堪的。士兵们把一顶荆冠戴在基督头上，画面的中心是基督，闪烁的火光照亮了他的身体。画中色彩几乎是单色的，但是却有着丰富的色彩变化，离光源较远处，物体的形状和轮廓线模糊不清。这一种虚实关系，渲染了环境的神秘气氛，因而产生了低沉压抑的情调。画家的创作意图看来并非仅仅停留在图解自己的宗教感情上，因为此画最感人之处乃是他的用笔：宽笔、厚笔把颜料大片地图在画面上，笔触奔放自如。那种光线恍惚的画面效果，反映出画家老年时充满宗教虔诚的内心活动。

4. 丁托列托

丁托列托(Tintoretto，1518—1549)，意大利威尼斯画派的一位大师。他生于威尼斯，卒于同地，原名雅各布·罗布斯蒂，丁托列托是其绰号，意为“小染匠”，因其父为染匠。他曾随从提香学画，并立志“要把提香的色彩和米开朗基罗的形体结合起来”。他的艺术作品除有两位大师的特点外，还很强调运动感和戏剧性。《圣马可的奇迹》的画面好像发出疾风骤雨般的音响，奇异动人的人物突然从天而降，下端骚动的人群则以惊奇与喜悦呼应。此画中圣马可的形象采用了透视缩形，他的突然降临的动作表现得非常富有激情。三个主要人物即奴隶、刽子手和圣马克被安置在画面中心，组成一个戏剧性高潮，充满动感。画面的色调由金黄色、红色和绿色组成，这种金碧辉煌的色彩效果是典型的威尼斯绘画的特色，同时它还有明显的样式主义风格。总之，这幅画是最能代表丁托列托风格的作品。

《苏珊娜出浴》是丁托列托的人体画杰作。他酷爱描写健壮而有着运动感的人体，他所描绘的人体，具有丰满清晰的轮廓、起伏活动的肌肉，在紧张与健美的肉体上还带有柔和的气质，这些人物是美丽动人的。画中肌肉的描写使她显得十分健美动人。丁托列托善于运用强烈的光影关系，在画面上构成鲜明的黑白色调对比，常常在一片昏暗的色调中，对主要物体部分施以明亮夺目的高光，而予人以格外强烈的印象。可以说，"光"成了艺术家用来帮助表达剧烈运动感和强调画面戏剧性效果的有力手段。在《苏珊娜出浴》中，画家同样讲究用光影的对比来表现人格的特点，确实是人体艺术的卓越之作。

《圣乔治杀龙》是丁托列托宗教题材绘画的代表作。他常为各教堂及宗教团体作画，古典神话题材的作品在其一生中占有重要地位。丁托列托自称要将米开朗基罗的造型和提香的色彩融为一体，他也是按照这种思想确立自己与众不同的风格的。此画取材于《圣经》，但画家的着眼点却别出心裁，他精心描绘了前面被龙吓坏了的女人和顶部的天空与风景，中间的圣乔治杀龙的场面倒只是略略带过。恶龙已经伤害了一个人，穿黑衣披红袍的女人惊慌失措，这个女人有米开朗基罗笔下女人的强健；另外，此画在色彩处理方面的确有提香遗风，体现了丁托列托非凡的色彩表现能力。

《被密涅瓦拉开的马尔斯》是丁托列托又一幅宏伟巨制。他的作品大都具有宏大规模的构图以及激烈的人物动态，并在整个画面上充满了急速的节奏与强烈的运动感。他常常用异乎寻常的透视角度来表达人物的动势。他不喜欢画面中有安详平静的调子。此画中的人物描绘同样具有上述特点，构图也讲究新奇感，特别是马尔斯的形象，具有很强的人文主义和世俗特点。丁托列托具有非同一般的高效率，他能在很短的时间内完成规模宏大的构图，像《圣马可的奇迹》只花了一个月左右便完成了，因此人们因他的创作气势和精神旺盛，而赠以"雷绘画"的称号。丁托列托的艺术是文艺复兴时期辉煌艺术的尾声，同时开拓了绘画发展的新阶段。他很注意绘画的表面效果和强烈装饰趣味，说明他已率先跨进巴洛克艺术领域。17 世纪的艺术大师鲁本斯、委拉斯贵支深受其影响，继承和发展了他的艺术。

丁托列托是威尼斯画派中很有成就的画家之一。他是一位颇富传奇色彩和个性的艺术家。据说他在创作过程中，为了探求画面的逼真效果，曾用蜡制作出构图中的人物形象，并把它放在用硬纸做成的环境道具中，再把光线打上去以观察、研究明、暗关系，直到达到预期的效果，再把这种效果表现在画布上，因此有人称他为威尼斯典型的样式主义画家。然而他的作品中那种戏剧性力量、丰富而深沉的精神境界以及艳丽的色彩与正宗的样式主义风格并不一样。丁托列托成为文艺复兴晚期最后一批大师之一。

5. 委罗内塞

威尼斯画派的最后一位大师为委罗内塞（Paolo Veronese，1528—1588），生于维罗奈，卒于威尼斯，原名保罗・卡利亚里，因生于维罗奈而叫作委罗内塞。他最初受业于本地画师，后定居威尼斯，他善于兼收并蓄提香、米开朗基罗、达・芬奇等人的精华，自成一宗。他的绘画充满世俗生活情趣，偏重装饰趣味，在写实传真的基础上，以豪华的场面、众多的人物和华丽的色彩取胜，受到市民和豪门显贵的欢迎。如果说丁托列托的特点是用绘画形式来体现纪念碑式的戏剧性场面和透视效果奇特的画面景深错觉,那么委罗内塞的特长则是用漂亮的色彩来描绘豪华的宴会场面。

《利末家的宴会》是委罗内塞用丰富的色彩来烘托繁华场面的一个极好例子。画面的背景为一条巨大的凉廊,这个凉廊有一座纪念碑式的拱门,基督被处理为坐在一大批威尼斯显贵中间。这个宴会场面被表现得十分豪华壮观,但宗教裁判所却谴责委罗内塞对上帝太不尊敬。其罪状之一是他把小丑、侏儒以及几条狗安置在离耶稣不远处。这样,委罗内塞受审之后,不得不对画中的某些细节做了修改。此画的色彩非常细腻悦目,他用绿色、柠檬色、玫瑰红以及紫罗兰等颜色组成金碧辉煌的色调,来烘托宴会的气氛。画中人物丝毫不带宗教气味,人物中有富豪、商人、乐师、贵妇、侍从甚至家犬,而且连背景建筑、人物的华贵服装、陈设都是现实传真的,可见委罗内塞艺术中的人文主义因素很浓。

《康纳的婚宴》是委罗内塞的重要代表作。委罗内塞是文艺复兴时期肯定生活和现实主义传统的最后代表人物之一,他的艺术充满了积极、乐观的因素,他热衷于表现威尼斯繁荣富足的社会和生活。他笔下的人物美丽而健康、服饰华丽,建筑尤其金碧辉煌,家具器皿璀璨夺目,珍宝饰物价值连城。他还善于运用闪烁夺目的银灰色调与华美色彩,营造出画面上那种欢乐愉悦、豪华壮丽、光辉灿烂的气氛。《康纳的婚宴》一画表现基督在康纳城参加婚礼宴会的情景。画家无意于刻画主角人物,却着力描绘宴会的豪华场面。宴会安排在豪华庭院里,各种人物画得栩栩如生,里面的人物形象包括英国女皇、法兰西斯一世、提香、丁托列托和画家本人。宗教题材在他的画面上成为歌颂享乐和令人赏心悦目的景象。这种过多世俗表象还是引起教皇的愤怒。还有在画面上,那些丝绸锦缎的色调光彩夺目,呈现一片富丽堂皇的景象。此画奠定了委罗内塞的艺术风格和在画坛中的地位。

《维纳斯与马尔斯》的体裁是提香采用过的,委罗内塞并未做出一些新颖独特的创造;相反,较提香的作品却缺乏饱满的热情与想象。画家对于人物的刻画大部分局限于外表,没有深刻地触及内心本质,他的模特儿从形象看来有着丰满的肉体而带有夸张性的表现,但缺乏热情和充满内在力量的表现。但是,此画在人物的写实传真上及画面的用色上还是别具一格和富有成就的,而且十分富有装饰性。

第五节 意大利的后期文艺复兴运动的艺术

16 世纪中叶以后,意大利的文艺复兴进入了后期发展阶段。关于这一阶段美术的发展,美术史学界一直存在不同的看法,有的学者根据文艺复兴盛期结束后,无论是米开朗基罗还是拉斐尔的学生中,美术界再也没有超出大师的作品出现,因而认为,后期文艺复兴的“后”字,其实就是自愧不如,渐告衰微之意。但也有人认为,艺术的发展随社会的发展而变化,社会的发展永无止境,艺术的发展便在社会曲直的变化中与时并进,无止无终,峰回路转之后就会柳暗花明,出现新的机遇与演变。因此在一种风格的高潮过去后,艺术家们便会在一个新的起点上推动艺术的发展，后文艺复兴时期样式主义和巴洛克艺术风格的出现便是如此。美术风格之所以发生这样变化，是与欧洲历史的发展密切相关的。16世纪的意大利，在崇高和谐的盛期文艺复兴美术风格的后面，潜伏着社会危机。意大利面对四分五裂的局面，国民经济逐渐衰退，1527年外国雇佣兵冲进罗马城，驱逐教皇、捣毁古物、亵渎圣物、奸淫修女、抢夺财物、千年名城的斯文丧失殆尽。与此同时，宗教改革与反宗教改革运动冲击了传统的信仰，人文主义的思潮动摇了，惶恐、忧患、失望成为人们的普遍情绪，意大利和德国的大小诸侯大行专制君主之道，宫廷势力普遍加强，自然也提出了对艺术新风格的要求，这便是16世纪20年代样式主义美术风格在意大利首先产生和流行的社会背景。

样式主义(mannerism)又译风格主义、矫饰主义，是20世纪初西方一部分美术史学家们为1520—1590年在意大利出现的一种美术流派所起的名称。关于样式主义的特点，朱伯雄先生将其归纳为五点：以古怪扭曲的体态和发达夸张的肌肉描绘裸体；作品主题隐晦朦胧，较难看懂；以夸张的透视和变形的人体充满整个画面；色彩生动，带有刺激性；雕刻追求全视角的艺术效果。① 拉斐尔去世后，一批仰慕米开朗基罗和拉斐尔的典雅风格而又务求新奇的艺术家，以追求风格自居，逐步被人视为样式主义流派。1920年以来，西方美术史界，对样式主义重新做了评价，认为它是盛期文艺复兴和巴洛克美术之间的自成一格的流派，其风格演变自有其社会背景，并在西欧形成国际影响。

然而，样式主义绘画和雕塑作品并不能概括16世纪意大利美术的全貌，样式主义的表现形式是多样化，因而其特征也不胜枚举。可见，样式主义美术家是有意识地追求某种较为极端的形式，他们热衷于用复杂的形象和动作来表达美术家内心的骚动不安和压抑的情感。这种艺术可以说在某种程度上曲折地反映了当时意大利社会动荡不安的局势。意大利样式主义的绘画艺术家主要的代表有柯勒乔、让·古赞、罗马诺、蒙托莫、罗索、帕米贾尼诺、路加·康皮亚索等。

柯勒乔(Corrcggio, 1489—1534)是帕尔马的画家，早期样式主义的代表，其杰作主要是《圣母升天》《丽达与天鹅》《丹娜依》。《圣母升天》是帕尔马大教堂的圆顶壁画，整个画面挤满了各色面孔的人物，天使们拥聚着升天的圣母，为仰视姿态，这使人联想起提香那幅同名画。从下面昂头欣赏这幅画，会产生一种被一同卷上旋涡、冲天而上的感觉；画面中的许多人物姿态扭曲，面目表情也很怪异，不可理解。

这幅画整体以仰视角度构成透视画面，在当时是比较新奇的，它所产生的那种令观者如身临其境的感觉很受欢迎，是日后巴洛克爱用的天顶透视图画的滥觞。《丽达与天鹅》则是柯勒乔个人风格的代表作，他善用绚丽色彩表现希腊神话故事。这幅画所表现的希腊主神宙斯化成天鹅与人间美女嬉戏的情节，在柯勒乔笔下被发展到完善至臻，对后世影响很大。

贝维纽多·切利尼(Benvennto Cellini, 1500—1571)是样式主义雕刻艺术的主要代

---

① 朱伯雄：《世界美术史(第四卷)》，山东美术出版社，2006年版。

表人物。切利尼出生于一个首饰匠家庭，家庭对他的影响不可低估，米开朗基罗的风格也给了他不少启示。他一生完成的主要作品有《枫丹白露的狄安娜》《弗朗西斯一世之盐罐》《帕修斯与美杜萨》《基督磔行》等。《帕修斯与美杜萨》为青铜雕，是切利尼作品中最杰出的一座。内容出自希腊神话，英雄帕修斯砍下了蛇发女妖美杜萨的头，将她高高举起。帕修斯的姿态和体型都雕刻得十分优美，古典平衡式的站姿，高举的左臂和支撑着身体重心的极有力度感的右腿奠定了整个雕像的稳定性，向前弯曲的左腿和向后弯曲的右臂构成了动态平衡，清晰健美的肌肉所展示出的力量和英雄微微低头而平静的面孔，形成了和谐的对称，人们从英雄脚下的美杜萨尸体处沿帕修斯的腿向上，看到的便是帕修斯那把战刀；再向上，沿着帕修斯舒展的左臂，就看到了那被砍下的女妖的头，这一流畅的线条向观众讲述了事情的经过，而帕修斯那张平静的面孔，又把战斗刚结束时的沉静展示了出来。如此巧夺天工的技法，奠定了切里尼在样式主义雕刻家中的地位。

晚年的切利尼被宫廷冷落，他心情沮丧，之后则埋头于理论和自传的写作上。他的《自传》是美术史学界研究这个时期美术的重要文献之一。切利尼等雕塑家的样式主义雕塑一旦被16世纪的宫廷贵族所利用，他们华美的特征便迅速朝着高度装饰性的理想发展，从而为巴洛克艺术的萌芽奠定了基础。

在建筑艺术方面，意大利样式主义的代表人物主要有罗马诺、瑟利欧、维诺拉等人。

罗马诺(Giulio Romano, 1492—1546)是著名的样式主义的建筑师兼画家，拉斐尔的主要助手。拉斐尔去世后，他才开始独立发展，并很快崭露头角。1527—1534年前他受雇于曼图亚公爵，为他设计建造了被称为“泰府邸”的夏季别墅和养马场。这是一座适宜乡村的建筑，式样低矮而奇怪。粗糙的墙面；距离不规则的多利亚式半圆柱；尤其是窗户，连窗框都没有，且安置在紧靠屋顶的墙上，窗户下面较宽的地方不可思议地留给了壁龛。这样的风格与文艺复兴盛期宏伟、华丽、和谐的风格相比，显得那样得格格不入。但他的朋友却赞叹他的风格“总是有古朴风的现代感，以及现代风的古朴感”，道出了他的设计思想。

维诺拉(Vignola, 1507—1573)是一个严肃与正统的样式主义的建筑师，其最主要的作品是罗马的耶稣会教堂。他不否定和排斥中世纪的纵向平面建筑式样，而将它和文艺复兴的中心规划的设计思想结合起来。他设计的会堂内部中殿独特而宽敞，几乎不与小礼拜堂连接，大型的拱顶罩住了整个中堂，符合了容纳最多信众的设计原则。同时，教堂的内部完全采用了不加任何装饰的灰色与白色，起到了扩大视野的艺术效果。

样式主义到16世纪便宣告结束。在他后期，已可看到巴洛克(Bulogue)艺术的兴起，到17世纪，巴洛克艺术便全面发展起来，建筑、雕刻、绘画皆有其代表大师，因此人们通常称17世纪为巴洛克世纪。但在16世纪末，巴洛克风格在意大利的建筑艺术中已露端倪，它的萌芽甚至可追溯到米开朗基罗在建筑方面的雄强风格及大胆设计。米开朗基罗敢于突破古典柱式的条条框框，集中注意于建筑的韵律感和气魄的浑厚壮伟，对日后的巴洛克建筑极具启发意义。

第五章　意大利文艺复兴雕塑与建筑

意大利人称文艺复兴时代的来临为“再生”。因为对他们而言，这是古典精神被“野蛮人”打断了千年之后的一大复活（史学家瓦萨里在他的《名人传》一书中创造了“再生”一词）。意大利人觉得古典世界已在3—5世纪日耳曼与匈奴的人的入侵中死亡。哥特人的巨掌又粉碎了行将枯萎却风韵犹存的罗马艺术与生活。“哥特”艺术入侵意大利，带来了形式不稳、装饰古怪的建筑以及粗糙、阴郁的先知和圣哲雕像。现在，感谢时间的考验，那些留须的哥特人和长髯的伦巴第人已被意大利人同化；感谢建筑家维特鲁威①和罗马法庭废墟的影响，古典的廊柱和横梁再度构成了冷静、端庄的神庙和宫殿；感谢彼得拉克和百位意大利学者的努力，新发现的古典作品才能使意大利恢复西赛罗②散文中的纯粹精简和维吉尔③诗篇中的成熟音律。意大利精神的阳光即将穿透北方的浓雾。无论男女都从中世纪的恐惧牢笼中解放出来，他们仰慕各种形式的美，使空气中充满复活和喜悦。意大利眼看就要再度年轻起来。

15世纪初的佛罗伦萨，规模宏大的建筑工程非常多，有的教堂建造过程历时数十年，这就为发挥雕塑家的才华提供了十分有利的条件。伦巴底-罗马式的重廊柱和圆拱门，拜占庭的三角穹窿和圆顶，模仿回教尖塔的端庄钟楼，令人想起回教或古典回廊的托斯卡纳细廊柱，英国和德国的加梁天花板，哥特式的拱门、圆拱和窗饰，罗马建筑正面和谐壮丽，其单纯有力更具有重大影响——当人文主义者将建筑眼光转向罗马废墟的时候，每一种形式和影响被意大利完全融合起来。当时从中古浓雾中升起的罗马法庭列柱，在意大利人眼中似乎比威尼斯圣马可大教堂富丽堂皇式建筑的宗教色彩、沙特尔教堂的端庄或亚眠大教堂拱门的神秘美丽得多。再建旋形美观、底座安定、柱头雕花悦目、额缘冷静安稳的廊柱——这个目标，由于过去文化被重新发现，已成为布鲁乃列斯基、阿尔贝蒂、米开罗佐、米开朗基罗和拉斐尔等人的梦想和热望。

---

① 维特鲁威(Vitruvian)是公元1世纪初一位罗马工程师的姓氏，他的全名叫马可·维特鲁威(Marcus Vitruvius Pollio)。著有《建筑十章》，此书的重要性在文艺复兴的末期被重新发现，并由此点燃了古典艺术的光辉火焰。

② 马库斯·图留斯·西赛罗(Marcus Tullius Cicero，前106—前43)，古罗马著名政治家、演说家、法学家和哲学家。

③ 维吉尔(Virgil，前70—前19)，意大利人。他开创了一种新型史诗，他给诗歌注入新的内容，赋予它新的风格，产生了深远的影响。

第一节 吉贝尔蒂与天堂之门

古典形式的模仿在雕刻方面比建筑更为彻底。对罗马废墟的观察、研究以及某些罗马杰作的偶然发现使意大利雕刻家放出好胜的狂喜。当现存于帕琪斯画廊(Borghese Garty)的爱神像在圣西尔索(San Celso)的葡萄园中被发现时，吉贝尔蒂形容道:“没有任何语言足以描写其中的学问和艺术，或者公平地批判它的杰出形式。”他说，这类作品的完美使眼睛不敢正视，只能用手抚摸大理石的表面和线条来加以欣赏。随着这一类发掘的遗迹逐渐增多、意大利人的心灵渐渐习惯了艺术中的裸体。解剖学的研究在艺术家艺苑和医学大厅中一样普遍。不久，艺术家便毫无恐惧，不受指责地使用裸体模特儿。雕刻受到这样的刺激，不再屈居建筑物的附属地位，从石头或灰泥镶画转向环状的青铜或大理石雕像。

但是，在科西莫时代的佛罗伦萨，雕刻最初的、最著名的胜利却是镶画。大教堂前面的丑陋洗礼堂必须加以临时的修饰，才能挽回颜面。建筑家托里提(Lacopo Torritio)曾装饰讲坛，建筑家塔菲(Andrea Tafi)装饰圆顶，都是使用群集的嵌画；雕刻家安德烈・皮萨诺曾为南方正堂铸了两面青铜的大门(1330—1336)；现在(1401 年)，佛罗伦萨领袖团又与木商公会联合，筹到了一大笔款项准备为洗礼堂北面中设一副青铜门，以顺服神祇停止瘟疫。竞赛公开举行，所有艺术家都被邀提出设计。7 位著名美术家包括雕刻家雅各布・德拉・奎尔查、布鲁乃列斯基、伦罗佐・吉贝尔蒂等都被邀请参加。后来吉贝尔蒂设计的铜门大出风头，一举夺魁。著名雕塑家，布鲁乃列斯基因屈居第二而觉脸上无光，就放弃雕塑去罗马研究古典建筑了，后来成为意大利当时最杰出的雕塑家兼理论家。

吉贝尔蒂(Lorenzo Ghiberti，1378—1455)是意大利早期最负盛名的雕刻家，生于佩拉戈，卒于佛罗伦萨。金银工匠出身，兼习雕刻和绘画，对古典学术的研究情有独钟，曾留学罗马，一头扎入古典雕刻遗物中，广学博取，练就了超乎寻常的艺术修养。

吉贝尔蒂曾说:“所有的专家和跟我一起参加竞赛的人均认为，胜利者的荣誉非我莫属……(评审工作)是在一个庞大的委员会和众多有识之士(包括技术高超的画家们和银匠、云石雕刻家们)间讨论并做出决定的。也就是说，自这个城市和别的城市挑出 34 位专家组成评审团。总之，此次我能夺魁，仍是众望所归……”吉贝尔蒂的这段自白反映了早期资本主义时期意大利美术家献身艺术创新的人文主义进取精神。

这次竞赛的所有参赛作品，只有布鲁乃列斯基和吉贝尔蒂的作品留存下来。布鲁乃列斯基的浮雕在艺术处理方面显得雄健有力，非常富有激情，对各种形象刻画得非常深刻而细致，可惜构图略显拥挤，而且对浮雕下部的物体与人物的安排，在整体结构方面，跟上面部分显得不太协调。与此形成鲜明对比的，则是吉贝尔蒂浮雕的优美、流畅和光洁。

吉贝尔蒂尽量减弱题材本身所包含的恐怖内容。浮雕中亚伯拉罕以当时人们早已熟悉了的哥特式 S 形雕像造型轻微而优雅地扭动着身体，他虽然手持尖刀，但其动态却更像古典戏剧演出中的“亮相”，而不太像真要杀人。以撒的姿态优雅，人体塑造细腻生动，颇有古希腊雕塑遗风。吉贝尔蒂擅长处理光洁而流畅的浮雕表面，能细腻而逼真地刻画细部，得益于他自幼就学习金器首饰和绘画。此外，他出色的绘画技巧也为他设计的浮雕夺魁立下汗马功劳。他在浮雕中制造出绘画性的空间错觉，直到今天还被人津津乐道。

“天堂之门”是吉贝尔蒂的雕塑艺术趋于成熟的重要标志。所谓“天堂之门”，也就是佛罗伦萨洗礼堂的东面大门。因为意大利的洗礼堂与大礼堂大门之间有一块空旷场地，这块场地在意大利语中被称为“paradiso”，词义是天堂或乐园。后来意大利著名雕塑家米开朗基罗研究和临摹了门上的浮雕，对吉贝尔蒂的浮雕赞赏不已，曾感慨地说，这真是一扇开向“天堂”之门呢。从此，“天堂之门”就流传了下来。

这组浮雕无论从技艺还是艺术性来看，都达到了相当的高度。吉贝尔蒂在第一幅浮雕《创世纪》的《创造夏娃》中，刻画了夏娃温柔高雅的裸体，在光线的照射下，身子显得丝绸般光洁美丽。另一幅《雅各与以撒》以其完美的人物与空间环境之间的和谐关系著称于世。那种完美的境界，即使盛期文艺复兴的雕塑大师也未必能超越它。吉贝尔蒂本人曾这样介绍这扇浮雕大门：“我按照力所能及、尽量忠实地模拟自然的本来面目。由于依靠透视法则，我得以成功制成这许多人物浮雕作品……前景中的人物形象最大，而远处的人物则形体较小，这种表现手法符合观众在现实生活中所见情况……我极其勤奋地制作这件作品，在我一生的全部创作中，这件作品最重要。它技巧出色、比例正常、艺术理解深刻。”①

吉贝尔蒂的浮雕艺术是古希腊和中世纪美术遗产的精华部分与文艺复兴时期科学求实精神完美结合的产物，人文主义对事物的深刻理解，使造型技术中的“比例”和“技巧”问题终于获得了最好的解决。

第二节　雕刻艺术的开拓者——多纳泰罗

多纳泰罗(Donatello，1386—1466)无疑是15世纪前半期意大利最伟大的雕塑家。他生于佛罗伦萨，其家族虽以经营银行业著称，但他却出生于最清贫的一支，所以终生保持平民气质。在1404—1407年间，瓦萨里认为，多纳泰罗也是入选试铸洗礼堂门板的艺术家之一，当时他只有16岁。他协助吉贝尔蒂制作洗礼堂的青铜门，部分时间在吉贝尔蒂画室学艺，后又随布鲁乃列斯基至罗马实地观摩学习古典雕刻，从古典艺术中吸取精华，并潜心学习当代大师的优秀成果，很快就发挥了自己的天才，从吉贝尔蒂镶画的女性优雅地转向环状的雄伟雕塑，他的雕刻并不采纳古典的方法和目标，而且毫不妥协地忠于自然，表现自己原有个性和行事的粗鲁力量。他非常富有戏剧性地找到了那种能充分反映早期文艺复兴时期新理想的美术表现形式，能根据不同的对象及其不同心理状态及时

① 摘自吉贝尔蒂的《回忆录》。

调整自己的美术风格。多纳泰罗的雕刻艺术，对文艺复兴美术的发展影响很大，其后的15世纪佛罗伦萨雕刻家大多受了多纳泰罗的熏陶和启发。

他的天才发展并不像吉贝尔蒂一般迅速，却达到更大的范围和高度。一旦时机成熟，他便极为多彩，直到佛罗伦萨充满他的雕像作品，阿尔卑斯山彼岸也回荡着他的盛名。他22岁为圣米凯莱(San Michele)教堂雕刻《圣彼得》像，与吉贝尔蒂分庭抗礼；27岁又为那栋大厦加上健壮、单纯而真诚的《圣马可》像，超过了吉贝尔蒂。米开朗基罗说："有这样一个直爽的人传播福音，想拒绝接受是不可能的。"多纳泰罗23岁受聘于为教堂雕刻《大卫王》，那是他所雕刻的许多《大卫王》中的第一座，他对这个题材始终有兴趣。他最好的作品也许就是科西莫·美第奇定制的青铜《大卫王》。它雕刻于1430年，立在美第奇宫的庭院里，现在承放于巴吉诺。这是环状的裸体雕像在文艺复兴史上第一次大方地展露：身躯平滑，年轻的肉体肌理结实，脸孔侧面也许太希腊，盔甲更是希腊化过度。在这一瞬间，多纳泰罗把写实主义推开一旁，充分沉湎于想象之中，几乎比米开朗基罗为未来的希伯莱王摩西所刻的雕像更著名。

在多纳泰罗创作生涯的早期，他就已解决了雕像是如何逼真地表现处于运动状态的人体问题。对"重心转移"，即"对应"或"以对立方式保持躯体均衡"的艺术法则的理解和运用是解决这个问题的关键。这个问题在古希腊时期就已出现，古希腊的雕塑家为了避免人体立像的僵硬姿态，将人体重心自一条腿向另一条腿转移时，整个人体各个部位因此而相应地转动，发现雕像由此显得栩栩如生。比较中世纪哥特式雕像、尼古拉·皮萨诺[①]的雕像、乔凡尼·皮萨诺[②]甚至吉贝尔蒂的雕像，人们可以发现，只有多纳泰罗才是意大利真正解决"重心转移法则"的雕塑家。多纳泰罗重新发现了古希腊美术的精华并加以继承和发扬光大。可以这么说，多纳泰罗是意大利雕塑艺术的真正开拓者。

他的"施洗者"约翰并不如此成功，那个严厉的题材对于他的现世精神太陌生了；巴吉诺所存的两幅《约翰雕像》显得荒谬，毫无生命。有一幅石制的儿童头像比这两幅好得多，命名为"年轻的圣约翰"实在没有太大的道理。在同类作品《圣乔治》中，他把好战的基督教理想与希腊艺术的节制线条联合起来，显示出多纳泰罗对古典的理解。他为佛罗伦萨大教堂正堂塑造了两座有力的人像——《耶利米》和《哈巴谷》。后者光秃秃的，因此被多纳泰罗称为"大南瓜"。《圣乔治》是多纳泰罗为奥尔·圣·米歇尔教堂制作的一件雕像。他塑造了一位充满自信心和自傲感的、年轻英雄的理想化形象。雕像双腿分开，双足立得很稳固，通过躯干的轻微扭动使左肩和左臂向前方转折转。圣乔治是当时佛罗伦萨城军用器械制造业行会的庇护神，雕塑家在刻画圣乔治的英雄气质时，主要表现圣乔治面对眼前险境仍然镇定自若、藐视敌人的高傲气概和必胜的信心。虽然人物姿态稍显僵硬，还能看出中世纪的些微痕迹，总体上已经具有多纳泰罗式的写实与运动倾向。

多纳泰罗曾经耗费过许多精力去研究古罗马的废墟和文物，曾因入迷于古罗马的美

---

① 意大利雕塑先驱(Nicola Pisano)，1220/1225—约1284。

② 意大利雕塑家(Giovanni Pisano)，约1250—约1314。

术成就，背离过自己早年所追求的那种比较极端的写实倾向。在罗马的简短旅行中(1432年)，多纳泰罗为古老的圣彼得教堂设计了一个古典的大理石圣龛。也许他在罗马研究过帝国时代的胸像，反正是他最先发展了文艺复兴时代的伟大人像雕刻。他在人像方面最伟大的杰作是他为政治家乌扎诺所雕的陶土胸像。他用不恭维表现真人的写实主义来娱乐自己、表现自己。多纳泰罗重新发现一项古老的真理，艺术不必永远追求美，但是要选择有意义的方式。很多高贵的人不惜牺牲凿刀的真实性，有时因此而失败。青铜雕像《大卫》是自古罗马时代结束以来的第一件圆雕裸体雕像。中世纪基督教会把裸体的人体视为猥亵和异端的“偶像崇拜”。中世纪的雕塑作品除了表现亚当夏娃被逐出伊甸园外，从来不表现裸露的人体。自《大卫》始，多纳泰罗恢复并发展了古典人体雕像的表现形式，在雕像人物的刻画方面也达到了一定的高度。多纳泰罗塑造的大卫，是可爱的青年和杀死巨人哥利亚的英雄兼耶稣的前辈，是佛罗伦萨人热爱自由和追求自由的精神的象征。

“大卫”身体各部分之间的比例符合古典艺术的理想美标准，他身体的放松姿势显得十分自然，从中可以看出古希腊雕塑家普拉克西特列斯①的优美的雕塑之风。然而更为引人入胜的则是雕塑对“大卫”个性的刻画。这里的“大卫”，陷入一种深深的思索和复杂的心理矛盾中，这位未成年英雄的目光并未对准足下巨人哥利亚的头颅，而是对准自己的身体，他好像在全神贯注于自身的美和力量，虽然他并不强壮的身体和并不坚强的意志也许不足以抵抗巨人哥利亚的进攻，然而这种对人类自身价值的发现和认识，却是文艺复兴美术作品的重要主题和深层意蕴。

意大利城市比较欣赏多纳泰罗，而且竞求为他服务。锡亚那、罗马和威尼斯都曾一度诱他前往，但是在帕多瓦城他铸造了他的代表作。他在圣安东尼教堂为伟大的圣方济灵骨上的祭龛刻了一个大理石墓，上面放着柔和的活动镶画和青铜的十字架。在教堂前面的外墙上，他立了近代(1453 年)第一座重要的骑马雕像。这无疑受了马可·奥勒留骑像②的激励，但是面孔和气氛却完全是文艺复兴式的，不是理想化的哲人，而是可以看出当代性格的活人，无惧、无情、有力的威尼斯将军加塔梅拉达(Gattamelata)。那匹焦躁、口吐白沫的马和他的脚配起来未免嫌大了些，而那些鸽子，每天都在这位征服者的光头上拉屎，但他的姿态骄傲而强壮，仿佛马基雅维里所渴望的一切美点都在多纳泰罗铸像中借着融熔未硬的青铜传递下来。帕多瓦城惊奇地、荣幸地注视着这位幸得不朽的英雄。

多纳泰罗曾有力增进了雕刻艺术，偶尔也过分注重姿态或设计，有的作品缺乏吉贝尔蒂铜门的完整形式。但是，他的错误是由于他决心表达的不是美，而是生命，不仅是强壮而健康的身体，而且是复杂的性格或心理的状态。他发展的雕刻人像，从宗教延伸到世俗的范畴，给予它的体裁空前的多变性、个性和力量。他曾克服百种技术上的困难，创造了

---

① 古希腊后期著名的雕刻家，生平不详，流传下来的生平事迹很少，他善于把神话中传说的人物纳入平凡的日常生活中加以描写，确立了公元前四世纪希腊雕塑的艺术特征。

② 《马可·奥勒留骑马像》，创作于公元 170 年的青铜像，是一个充分体现当时罗马雕像写实风格的君主肖像，对以后文艺复兴时期雕刻家产生了重要影响。

文艺复兴时代遗留至今的第一座骑马雕像。只有一个雕刻家能达到更高的顶峰，而且还是继承了多纳泰罗所学、所做、所思才能达到，即多纳泰罗的学生贝托尔德（Bertold），正是米开朗基罗的老师。

第三节　多才多艺的委罗基奥

15 世纪后半期意大利最重要的雕塑家为安德烈・委罗基奥（Andrea del Verrocchio，1435—1488）。他生于佛罗伦萨，卒与威尼斯。他最初学金银工艺是雕塑家兼画家，在多才多艺方面与多纳泰罗有点相像。在他佛罗伦萨的工作室里，网罗了一大批富有艺术才华的学生，达・芬奇就是其中之一。

委罗基奥的艺术成就主要表现在雕塑创作方面。《基督受洗礼》是他所绘制的一幅很有名的嵌板的画。此画之所以有名，主要是因为画中左下角的小天使是他的弟子达・芬奇绘成的。委罗基奥本人所绘的部分中，耶稣和施洗约翰是用解剖学的精确结构绘成的。

约 1465 年或 1470 年，委罗基奥接受洛伦佐・美第奇委托，制作青铜雕像《大卫》。因为在此以前的著名雕塑家多纳泰罗制作的《大卫》，一直站立在佛罗伦萨的石基上，以其英勇气概扫视着人群。委罗基奥要想超越这么一幅颇负盛名的雕塑名作，其挑战性可想而知。委罗基奥通过深思熟虑，让大卫穿上无袖短皮上衣和裙子有别于多纳泰罗裸体的大卫，让大卫手持短剑有别于多纳泰罗的大卫手握长剑。委罗基奥的《大卫》一方面是沉思和内省的——这是文艺复兴理想的一种标志——沉思中的人；另一方面，它并未因已经取得的胜利而放下武器，仍然紧握着短剑，双目直视前方，似乎准备出击。这是文艺复兴的理想的另一种标志——行动中的人。

在艺术处理方面，委罗基奥的《大卫》雕塑在形式上是开放性的，到位的动作充满运动感。委罗基奥的《大卫》与多纳泰罗的《大卫》都是雕塑史上的经典名作，同样的题材，有思想、有技巧和有真实感受的艺术家们是可以而且往往也应该从不同角度对它作不同的艺术处理的。

《巴托罗缪・科莱奥尼骑马像》是委罗基奥一生中最重要的雕塑作品。科莱奥尼出生于贝尔加莫，是一位有名的雇佣军队长，他在 1475 年去世时，通过遗言留给威尼斯共和国一大笔钱，要求政府替他建造一座青铜骑马像，并把骑马像立在市中心的圣马可广场上。因此人名声不太好，市政府虽然得到了充实国库的钱，却也只能将雕像放在次要的斯库奥拉・迪・圣马可广场上。这座骑马雕像在某种程度上来说，是又一次与多纳泰罗的较量。

委罗基奥的《巴托罗缪・科莱奥尼骑马像》略大于多纳泰罗的《加塔・梅拉达骑马像》，在风格上则由静态变为动态；技术上也有所创新；在形象刻画上，前者突出的是科莱奥尼的蛮横和残忍，后者刻画的是一位精明强悍的军人。

第四节 建筑新纪元的伟大代表——布鲁乃列斯基

15 世纪的意大利建筑，除继承中世纪的建筑特点外，还有了本时代的明显倾向。随着生产力的发展和审美趣味的改变，城市住宅、宗教建筑物等，都发生了重大的变革，建筑家们将建筑艺术放在坚实的数学比例基础上，创造出一批具有和谐的空间效果、令人耳目一新的建筑物。

布鲁乃列斯基(Filippo Brunelleschi，1377—1446)，一位佛罗伦萨知名公证人三个儿子中的第二个，幼时受过文学和数学教育，热爱艺术，于 1398 年在丝绸艺术工会注册，成为一名金匠。

1400 年夏天，严重的黑死病夺走了佛罗伦萨 1/5 的人口，次年布料商人工会决定为圣乔瓦尼洗礼堂铸造一对新的青铜大门，以慰天怒。圣乔瓦尼洗礼堂是整个佛罗伦萨最受尊崇的建筑之一，洗礼堂中的洗礼池是每个天主教家庭的儿童受洗的地方，但丁、马基雅维利等名人及美第奇家族成员均在此受洗。这座洗礼堂是公元 7 世纪建成的，位于圣母百花大教堂的西侧，是一座白色八角形罗曼式风格的建筑。雕塑家皮萨罗(圣母百花大教堂的总建筑师之一)曾于 1330—1336 年为洗礼堂铸造了一对由 20 幅嵌板组成的青铜大门，用以赞颂佛罗伦萨的守护神施洗者圣约翰的一生。此后的 60 余年间，再没有人做过任何翻修或美化洗礼堂的工作了。

布料商工会出资进行工程的招标，包括乔凡尼·美第奇在内，佛罗伦萨的艺术家、雕塑家和各领域杰出市民代表共 34 人组成评审委员会，包括布鲁乃列斯基在内的 7 名金匠和雕塑家参加了竞争。这座青铜大门的主题是旧约故事，选拔规则很简单：以亚伯拉罕将独子以撒献祭的故事为题，用 34 公斤青铜在一年时间内完成一幅高 43 厘米、宽约 33 厘米的嵌板。

1402 年评审中，布鲁乃列斯基的作品很被看好，但结果出人意料，默默无闻的年轻金匠洛伦佐·吉贝尔蒂在评选中胜出。他的胜利主要源自精湛的青铜铸造工艺——嵌板使用的材料最少、铸造得最薄，同时人物形象优美高雅；而布鲁乃列斯基的作品更富表现力，他所描绘的亚伯拉罕和天使，以充满张力甚至是狂暴的姿态并列在以撒扭曲的躯体前，对角线的构图也不同于吉贝尔蒂的成熟的哥特式风格的构图。另一方面，吉贝尔蒂与布鲁乃列斯基的工作方式完全不同，他不断地向许多评审团里的艺术家、雕塑家广泛征求意见，诚恳地把已经雕刻的十分精细的成品丢到一边，而依照专家的意见重新制作模型，甚至对外行评委的意见也十分重视；而布鲁乃列斯基则几乎在与世隔绝的状况下工作，在此后的 40 余年中，缄口不言和特立独行成了他工作的两大特征。佛罗伦萨的评审团和市民们对他们两人的作品难以取舍，只好提出一个折中方案——由吉贝尔蒂和布鲁乃列斯基共同完成这项任务，然而布鲁乃列斯基并不同意，要求独自完成。他的要求被驳回之后，便退出了角逐。吉贝尔蒂最终赢得这项具有历史意义的任务，此后的 22 年里他倾尽心血铸造了这对青铜大门，被米开朗基罗赞为“天国之门”，成为佛罗伦萨历史上最伟大的艺术品之一。而布鲁乃列斯基则基本放弃了雕塑工作，离开佛罗伦萨前往罗马，一面靠制作钟表和珠宝为生，一面致力于研究古罗马的废墟。他胸怀两大志向，一是恢复古代优秀的建筑形式，一是找到建造圣母百花大教堂穹顶的方法。15 世纪初的罗马城饱受战争、地震和黑死病的折磨，曾经人口百万的“永恒之城”已经沦落为仅仅两万人口、没有工业和贸易、破败萧条、危机四伏且乏味至极的弹丸之地。昔日的帝国广场蒿草丛生，被粪土瓦砾深埋了 15 米，成了畜生成群的“奶牛地”；斗兽场、庞培剧场和辉煌的神庙也成了采石场，青铜的文字和装饰早在战争中被铸成武器和大炮，或遭蛮族的劫掠；许多精美的雕像则被扔到窑中焚制成生石灰，或化为病恹恹的农作物的肥料……穿梭其间的各地游客多是朝圣者和寻宝者。

布鲁乃列斯基和他的挚友、雕塑家多纳泰罗也像其他寻宝者一样在废墟中挖掘，但他们不为古代勋章和金币。布鲁乃列斯基一边挖掘一边以密码记录——在专利和著作权诞生前，科学家们需要密码来对付不怀好意的对手，我们如今熟知的达·芬奇的密码绝不是独家专利。布鲁乃列斯基的记录则是他勘测的古罗马遗迹的高度和比例。他的勘测方法据猜测是利用一根直杆，以相似三角形的原理来测量建筑的高度，此外他可能还用到了镜子来测量。布鲁乃列斯基运用这样的方法测定了多立克、爱奥尼和科林斯①等罗马人的古典柱式的精确比例。1414 年，人文学者波焦·布拉乔利尼才发现了维特鲁威的《建筑十书》，该书到 1486 年才在罗马出版，因此布鲁乃列斯基的发现可谓极具承前启后意义。经过罗马考察的积累，布鲁乃列斯基还重新发现了早先为希腊、罗马人所知而在欧洲中世纪被湮没的直线透视结构原理。他已经知道了在同一个平面上所画的平行线全都聚于一个单一灭点的概念，以及观测者与被观测物体之间的距离与物象的大小之间关系的原理，找到了用平面图和剖面图加以辅助线画出透视图的简单实用的方法。这种用二维图画准确地重现三维空间或实物的手段，不仅使建筑设计成为可能，而且在更多领域拓展了人类的思维。布鲁乃列斯基还曾经用亲自绘制的圣乔瓦尼洗礼堂的错视图融合实景，进行了一场近乎视觉魔术的实验，为多年以后的光学仪器（投影仪、全景画和西洋镜等）及反射艺术方面的实验开了先河。布鲁乃列斯基对罗马人建造穹顶的技术青睐有加。他最感兴趣的当属哈德良皇帝重修的万神殿，它硕大无比的穹顶的顶点高度和直径均达到惊人的 43.3 米，在它建成后的 1300 年间一直是人类建造的最大的穹顶。所有建造穹顶的建筑师都无法回避的静力学问题，万神殿的建筑师同样也需要解决：庞大的穹顶自身的巨大重量及其所带来的巨大的侧推力和环箍效应。穹顶上部的混凝土骨料采用更轻的浮石，甚至是中空的双耳陶瓶（罗马人用它来储存橄榄油或葡萄酒），这些措施都减轻了穹顶的总负荷；而穹顶内以花格镶板装饰，不仅美观，而且进一步减轻了负荷。布鲁乃列斯基从中看到了建成圣母百花教堂穹顶的希望。

布鲁乃列斯基于 1417 年回到佛罗伦萨定居。佛罗伦萨最辉煌的建筑计划、意在取代

---

① 古典建筑的三种柱式。

古老颓败的圣雷帕拉塔教堂而建的圣母百花大教堂的工程仍举步维艰。1417 年，圣母百花大教堂艺术保管室与羊毛工会理事会联合召开一次全国性的建筑师和工程师会议，讨论在教堂中殿上方升起穹顶的方法。布鲁乃列斯基提出完全不同于其他人的提案，使用庞大的“拱鹰架”或者沙堆就可以把穹顶升上去。固执的执事羞辱他是疯子，而他详细地解释了自己的方法，却仍不能说服理事会把任务交给他。瓦萨里的传记里记载了那个关于鸡蛋的著名传说：布鲁乃列斯基提出谁能在光滑的大理石平板上把鸡蛋立起来，就让谁建造穹顶。所有人都做不到，轮到布鲁乃列斯基，他从容地把鸡蛋的一头在石板上一磕，鸡蛋就直立在了石板上。1418 年理事会终于决定把这项任务交给布鲁乃列斯基来完成。此后的 18 年布鲁乃列斯基为修建这个前无古人的巨大穹顶而殚精竭虑。

对万神殿的考察使布鲁乃列斯基意识到在没有中心支撑结构的情况下建造一个巨大的穹顶是完全可能的，但布鲁乃列斯基不可能复制万神殿的穹顶。布鲁乃列斯基的哥特式建筑的肋拱方面的经验，也使他能运用与万神殿不同的方式来建造圣母百花大教堂的穹顶。布鲁乃列斯基将穹顶设计成内外两层，以此减少穹顶的重量。这种内外两层壳体结构的做法，对以后的穹顶建造产生深远的影响：到米开朗基罗建造圣彼得大教堂的穹顶时，不仅是双层壳体，而且内外两层壳体的曲度都不一致了，内层穹顶为半球型，外层的矢高加大，使穹顶的外观更宏伟。虽然布鲁乃列斯基做了精妙的设计，但在漫长的施工过程中还有数不清的实际问题需要他来解决。

传统的拱门或穹顶都需要建造全尺度的脚手架——“拱鹰架”，怎样把它升高到需要支撑的位置，又怎样拆除呢？如何把大量沉重的砂岩、大理石和砖块等建筑材料运送到数十米高空，并依照设计精确地安装在制定的位置呢？在施工过程中，布鲁乃列斯基解决无数个困难，至 1435 年，他终于铺下了最后一条砂岩链，作为穹顶顶端的收口圆环，接着穹顶的外表面被砌上赤红的陶瓦。佛罗伦萨人急不可耐地开始庆祝，1436 年的 3 月 25 日天使报喜节时，在圣母百花大教堂新落成的辉煌壮丽的穹顶下举办了盛大的献祭仪式。教皇尤金尼亚四世、7 位红衣主教、37 位主教，包括科西莫·美第奇在内的佛罗伦萨政府官员，数万兴奋的佛罗伦萨市民，共同见证了布鲁乃列斯基的伟大创造。这一天无疑是他生命中最璀璨的时刻。

1436 年夏，布鲁乃列斯基又得到建设穹顶上部的采光亭的任务。1439 年布鲁乃列斯基又开始建造教堂的耳室，到 1445 年即告竣工。次年 3 月，佛罗伦萨新任红衣主教才刚刚在献祭礼中为采光亭铺下第一块白色大理石；4 月 15 日，布鲁乃列斯基便溘然长逝了。采光亭直到 1450 年才告竣工。瓦萨里参与为内壁绘制了辉煌壮丽的天顶画《末日的审判》。

布鲁乃列斯基死后，佛罗伦萨议会下令他可以享有被安葬在圣母百花大教堂内的殊荣。1446 年 5 月 15 日，布鲁乃列斯基在大教堂内下葬。1972 年，勘探大教堂的考古学家在大教南侧廊的地下，找到布鲁乃列斯基简陋的墓穴。这位伟大的建筑师只有一块简单的大理石墓碑，上面一句简单的评语：“天才的佛罗伦萨发明家菲利普·布鲁乃列斯基长眠于此。”

第五节 布拉曼特与圣彼得大教堂

16世纪初，罗马建筑艺术的全面繁荣是和布拉曼特、拉斐尔、米开朗基罗三个人联系在一起的。当时教皇极力想恢复罗马教廷的崇高威信，欲使罗马成为基督教世界的中心，这与人文主义艺术家们的雄心勃勃的创造精神不谋而合。以布拉曼特为代表的一批优秀建筑师在努力探索一种具有雄伟壮丽、气度不凡的纪念碑式的建筑设计。由此，对中央圆顶占主导地位的集中式建筑的造型与内部空间进行了研究。

布拉曼特离开米兰来到罗马时，已经50多岁了，像15世纪的大师们一样，布拉曼特一到罗马就忙于考察古典建筑遗址。他在罗马的第一件作品是为圣玛利亚堂修建的回廊。此回廊的布局与典型的佛罗伦萨府邸庭院的回廊不太一样，其特点在于上层不采用拱廊，而是用一根圆柱将上层的每一开间一隔为二，从而形成了轻巧的圆柱和厚重结实的不连续墙相交替的支撑系统。

布拉曼特设计的罗马蒙托利罗的圣彼得罗教堂及修道院庭院中的坦比哀小教堂，是盛期文艺复兴建筑的奠基性作品，体现了该时期完整的建筑观念，以纯正的古典建筑语言，表现了完美和谐的空间概念。这座教堂与他设计的一些宗教建筑、世俗建筑和宫廷建筑，可以说是为后世树立了伟大的典范。蒙托利罗在传统上被认为是圣彼得的殉教之地，而坦比哀小教堂是为纪念圣彼得的殉教所建，他无疑超越了古人。从这个意义上讲，坦比哀小教堂是文艺复兴时期盛期的纲领性作品，是建造新圣彼得大教堂的先声。

圣彼得大教堂的重建是16世纪意大利最重要的建筑工程。它是基督教世界最庞大的一座教堂，并以其辉煌的外观和巨大的规模象征着罗马的力量和威严。圣彼得大教堂的前身是康士坦丁巴西利卡，由罗马第一位基督教皇帝康斯坦丁大帝所建，到16世纪初已历时1000多年，早已破损不堪。尤里乌斯二世被选为教皇后，一心想将自己的坟墓建在这座教堂内；后来，为了恢复古罗马帝国的光荣和建立基督教世界中心的愿望，尤里乌斯二世于1505年毅然拆除老的巴西利卡而重建新的圣彼得大教堂，他委托布拉曼特负责设计和建造，当时的主要建筑大师几乎都参与了该工程，因此，圣彼得大教堂体现了那个时代最辉煌的建筑成就。

像坦比哀小教堂一样，圣彼得大教堂是一座纪念性建筑物，布拉曼特所设计的平面是带有中央圆顶的希腊十字式布局。由于政局的动乱和建筑师的频繁更替，大教堂的设计和建造一改再改，走了一段曲折的道路。然而，布拉曼特设计圣彼得大教堂的构思，对教堂形制的发展是有深远影响和具有决定性意义的。

当布拉曼特去世后，拉斐尔直接接管了圣彼得大教堂的建筑工程，由于他的设计破坏了布拉曼特和尤里乌斯二世的最初设想，而未得以实施。艺术巨匠米开朗基罗无疑是当时最杰出的建筑师，他接受修建圣彼得大教堂的任务时已经70多岁了，人文主义艺术大师的气质使他与布拉曼特相接近，他坚决回到布拉曼特的集中式平面上。

米开朗基罗大刀阔斧地对施工现场进行调整，使工程进度大为加快，圣彼得大教堂的圆顶和采光亭是由文艺复兴时期二位建筑工匠贾克莫·德拉·波尔塔和多梅尼科·丰塔纳根据米开朗基罗的设计建造的。17 世纪下半叶，著名巴洛克建筑师贝尼尼着手在圣彼得大教堂前面修建了大型广场。虽然布拉曼特和米开朗基罗的创作意图最后被歪曲了，但整个教堂特别是东端部分仍然极其壮丽辉煌。从现存的建筑上可以看到布拉曼特最初奠定的巨大规模和集中式教堂的基本设想，以及中央圆顶占主导地位的纪念碑式的主题，表明圣彼得大教堂是文艺复兴巨人的化身，是时代的纪念碑。

第六节　雅各布·桑索维诺和帕拉蒂奥的建筑

除佛罗伦萨和罗马之外，盛期文艺复兴的第三个建筑中心是河道纵横的水乡威尼斯，它的建筑临河面水，风光旖旎。它从 15 世纪就开始继承哥特式建筑拱券技术发达的传统，形成了一种多开拱门、拱窗明朗的地方风格。16 世纪上半叶，随着罗马的动乱，许多艺术家来到威尼斯，把建筑艺术新观念、新成果也带到了威尼斯，在革新威尼斯传统建筑风格的基础上，为这座美丽的水城兴建了一座座纪念碑式的盛期文艺复兴时期的新建筑，其中贡献最大的就是雅各布·桑索维诺和安德烈·帕拉蒂奥。

雅各布·桑索维诺(J. Sansovino, 1486—1586)出生于佛罗伦萨一个贵族家庭，从小受到良好的教育。儿时雅各布天资聪明好学，尤其喜欢画画。他父亲曾送他去学经商之道，但他恳求学习艺术，后被送到当时与米开朗基罗齐名的雕刻家安德烈·桑索维诺名下学艺。安德烈非常喜欢这一个极富天分的弟子；雅各布既尊重老师，又刻苦学习，学艺不断精进，两人情谊至深，如同父子，于是雅各布从师而姓。

他很快形成了自己作品的风格——轻松自如、甜美优雅，并以它的雕刻作品赢得了艺术界的认可。1505 年成为布拉曼特圈子里的成员，活动于佛罗伦萨和罗马，并参加了一些住宅、教堂的设计和修建，特别是罗马施洗者圣约翰大教堂的设计和兴建，使他在著名的建筑家中占了一席之位。1527 年，德国军队洗劫罗马城，许多艺术家逃离罗马，桑索维诺准备到法国去，但却被威尼斯挽留了下来，并一直到他去世。以后的 70 多年，他的名字与威尼斯的市政规划、公共建筑紧紧地联系在了一起。

作为一个有才华的艺术家，他很快把雕刻和建筑艺术品与威尼斯水乡的特点结合起来，创造了以华丽典雅著称的威尼斯文艺复兴的建筑风格，在威尼斯，他的主要建筑作品有：圣马可图书馆、造币厂、圣马可小敞廊和科纳府邸大厦。圣马可图书馆又称桑索维诺图书馆，是世界上为数不多的以建筑师的名字命名的建筑。图书馆坐落在威尼斯最重要的圣马可广场上。这是一个 L 形广场，是威尼斯全国的政治和宗教中心，圣马可教堂和总督府的所在地，但原来的布局比较零乱，桑索维诺对其进行了改造，他在总督府的对面修建了一个圣马可图书馆，它北抵钟楼，南端邻滨海堤岸。它的正面以上下两层古典柱廊组成。下层的柱子为多立克式，纯正厚重，有一种坚实简朴的承重感；上层为爱奥尼亚柱式，修长而优雅，雕刻得极为华丽。从基本布局上看，这种柱式与拱门的配合来源于罗马的科罗赛姆竞技场，桑索维诺添加了极为丰富、精巧、华丽的雕刻装饰和新的细部比例，使它脱胎换骨成为最有近代精神的威尼斯风格。这是其一。其二是拐角处的柱式，建筑师大胆革新，采用了方形，既将不同朝向的两个立面和谐地构成了整体，又有坚实之感。其三是它整体的和谐美。它的圆柱，拱门、檐部、栏杆等相互配合、相互衬托、凹凸回曲，极具立体感，不愧出自具有雕刻高技的建筑家之手。再加上楼层拱间壁的裸体女像、顶阁小窗的古典花环浮雕、顶层栏柱上各具姿态的立体雕像、屋顶四角方埃及的方尖塔，这些不仅是为了与对面总统府大厦的高度和形式相对称，更增加了图书馆建筑本身的秀美和壮观，自然也显示出了建筑家雕刻技巧的高超。瓦萨里说，即使在那些由周游过许多地方的博学人士看，这个图书馆也是举世无双的。

桑索维诺不但建造了这座非常美丽的圣马可图书馆，为了使整个广场的建筑相互和谐，还建造了与图书馆并列的钟楼，他对钟楼的改造主要是建造了钟楼下面的柱廊。这是一件精美的建筑雕刻作品，他以三个“统一”构成了柱廊的整体感：双柱夹拱的三个凯旋门为小柱廊建筑的主调，拱门两边的双柱夹开间为安置雕像的壁龛，依其主调，凯旋门上方的顶阁，其墙面半浮柱的间隔与下层的双柱、凯旋门间隔的形式相一致，并刻有双倍大小的精美浮雕，这是一个统一；顶部柱栏立柱开间的距离也视双柱和凯旋门而定，这又是一个统一；顶部回栏与敞廊底座回栏的形式的相似为第三个统一。这三个统一所构成的均衡和细致所显示的典雅与华丽，使这个规模不大的建筑成为威尼斯新建筑风格的样板，同时使被这个小巧的建筑“托起”的钟楼和与之并列的壮美图书馆，既相互衬托又相互和谐。

富有的威尼斯私人住宅的建造是文艺复兴盛期建筑发展必不可少的一个方面，桑索维诺的建筑成就也包括私人府邸，其中最重要的便是科纳府邸的修建。府邸是一座三层建筑，每层都有 7 个开间，底层中央入口为三个一组的拱门，整个墙面以横砖砌成，显得稳定而结实。上两层开间是以双圆柱隔开的窗户，窗楣都带拱形的装饰，显得华美而轻巧，中央三个落地式窗户与底层入口大门相垂直，且大于两边的窗户，更便于客厅的采光。在这里桑索维诺注意了对威尼斯人所喜爱的传统“群窗”的保留，但同时整个建筑也显示出了单纯、严谨的古典主义特征。桑索维诺的建筑特点也被他的弟子们所吸收和发展，美化了威尼斯、美化了居民的住宅。他们之中最有成就的就是帕拉蒂奥。

安德烈·帕拉蒂奥(Andrea Palladio，1508—1580)出生在帕多瓦一个磨坊主的家庭，少年时学习过雕刻，年轻时进过泥瓦匠工会，外出求师，后又到罗马。罗马艺术的古典风格，深深吸引了他。其间，还受到布拉曼特和米开朗基罗的影响，以后又吸收了桑索维诺的华丽风格，形成了自己单纯、完美、细部纯正的古典主义特色。他在威尼斯及意大利北方小城维琴查留下了许多经典作品。帕拉蒂奥在威尼斯修建的几座教堂，例如弗朗西切斯科·德拉·维尼亚教堂、雷敦托里教堂、圣乔治大教堂都充分运用了古典主义的结构。圣乔治大教堂建在总督府对面的岛屿上，是威尼斯政府举行盛大宗教活动的地方，因而需要宽畅的空间来容纳信徒。由于元老院坚持用十字形的结构，由此而形成了高中殿和两边低走廊的外观。如何采用古典神庙形制的问题摆在了帕拉蒂奥面前，而这也一直是文艺复兴以来困扰着建筑师们的一个难题。帕拉蒂奥巧妙地叠加两层山墙和古典半圆柱，构成了教堂漂亮的外观。尤其那四根半圆形柱子的采用，极富特色，它们从较高的基座上立起，通过第一道山墙，支撑起第二道山墙，这不仅为整个外观带来了有力的而非古典式的垂直延伸，而且也是向内、向中殿与两边的走廊延伸。如果说圣乔治教堂显示的是外观的完美，那么雷敦托里教堂则以内部的统一和谐而又丰富曲折令人耳目一新。教堂的大殿全部以古典柱式分隔空间，素雅宁静、宽畅明亮，主厅高敞通透，由圆柱构成的半圆形的祭坛与长方形主厅相配，和谐而秀美。

帕拉蒂奥还建造了许多著名的私人府邸和别墅，如维琴察基耶里凯蒂府邸、伊塞波波尔托府邸、蒂内府邸等。

帕拉蒂奥不仅是建筑师，而且是一位建筑学家，他的《建筑四书》是古典主义建筑学的经典。在此书中，帕拉蒂奥把毕达哥拉斯所发现的在拨动两条弦时，这两条弦长度的不同比例产生不同的和谐度音的理论，运用到建筑上，阐述和发挥了关于和谐的比例体系的理论，例如一个房间的比例，房间之间的比例，各个房间与整个建筑的比例，等等。正是追求比例的精细，以求得和谐，所以帕拉蒂奥的作品才具有了端庄、朴素而高贵的风格。而他的《建筑四书》也因此成为欧洲十七八世纪建筑师们的必读书。

第七节　佛罗伦萨样式主义建筑

米开朗基罗是 16 世纪上半叶意大利的伟大艺术家，他豪迈的气魄、充沛的精力和几乎无所不能的创造力，体现了盛期文艺复兴人文主义艺术家的典型特点。尽管大艺术家达・芬奇曾通过对建筑艺术问题的深入研究和独一无二的解剖知识，发展了建筑制图的技巧，在建筑领域做出了卓越的贡献，但他毕竟没有亲自设计过任何建筑物；拉斐尔在为数不多的建筑作品中，体现了某种接近绘画视觉效果的倾向，外部注重曲线和直线的对比，内部注意壁画和灰泥浅浮雕的华美装饰与建筑要素融为一体，从而开了后来现世主义建筑之先河。

米开朗基罗首先是雕刻家，其次才是画家和建筑师。他追求建筑语言要素的饱满的体积感和形状的张力，将建筑和雕刻视为不可分割的整体。更为重要的是，他的作品中有一种无拘无束的艺术个性和创造性。他的建筑作品还体现了一种现代感。

自布拉曼特去世后，16 世纪的意大利建筑发展成两种基本倾向：一种拉斐尔和米开朗基罗、罗马诺及佛罗伦萨的瓦萨里等人的样式主义倾向；一种是帕拉蒂奥等人从古典主义和布拉曼特发展起来的早期学院派倾向。过去人们总是将样式主义视为矫揉造作的、病态的风格并嗤之以鼻，然而深入地、不抱任何偏见地加以研究之后表明，应该承认样式主义是介于盛期文艺复兴与 17 世纪巴洛克艺术之间的一种过渡性风格。

随着 16 世纪建筑活动的蓬勃发展，建筑理论也更加丰富起来，其代表作家是赛巴斯蒂亚诺・赛里奥(Sai Bass Tiano Serio, 1475—1554)。他的建筑作品没有保存下来，但他的理论著作比较丰富。他的建筑著作除了对于古代和当代建筑进行详尽的阐述之外,还附了许多插图。这些插图的重要性不但在于使该书成为第一本以图为主、以文释图的建筑手册,而且还在于它保存了布拉曼特、桑索维诺等当时著名建筑师的设计图样,从而成为新的建筑思潮的传播者,并为后世建筑史学者提供了珍贵的原始资料。

16 世纪的第二位建筑理论家是贾克莫·巴罗奇·达·维尼奥拉(Giacomo Barozzi Da Vignola, 1507—1573),其被视为法国古典主义建筑的先驱之一,他的建筑理论代表作是《五种建筑柱式规范》,这是专论古典柱式的著作,而不涉及其他内容,影响很大,特别是在法国,被作为标准的教科书之一。

安德烈·帕拉蒂奥的建筑艺术是在纯正的维特鲁威和布拉曼特原则的氛围中成长起来的,他虽然一度受到米开朗基罗和样式主义的影响,并研究过罗马诺的作品,但对他的同代人维尼奥拉的艺术有特殊的偏好。作为 16 世纪意大利最后一位建筑大师,他的艺术对欧洲特别是英国建筑的发展产生了决定性的作用。

帕拉蒂奥作为建筑理论家,与维尼奥拉共同被认为是 17 世纪古典主义建筑原则的奠基者。《建筑四书》是帕拉蒂奥的主要理论著作。在这部著作中,他着重阐述和发挥了关于比例体系的理论:“优美来自美丽的形状,来自整体和部分的比例,以及来自部分与部分的比例和它们与整体的比例,因此,建筑将像一个单纯的、完整美的人体……”他追求建筑物端庄、朴素而又高贵的气质,推崇集中式布局,偏好白色。

第六章　北欧文艺复兴

第一节　尼德兰文艺复兴新艺术萌芽

欧洲文艺复兴运动是欧洲近代史的开端，其核心价值在于以“人性”取代“神性”，以科学取代愚昧，它给基督教的千年统治带来了强烈的冲击。这在一定程度上改变了政教合一的统治基础，为欧洲近代的科学发展开创了崭新的局面。这容易给我们造成一种错觉，似乎此时的人文主义者都具有坚定的与中世纪宗教情怀决裂的精神。然而，事实本非如此。基督教在先进的人文主义者的反对中没有消亡，而是在不断的调整中与时代共存，最后形成宗教与文艺在文艺复兴时期最好的共存方式。艺术史更多地专注于对图像的研究，即时的图像有如现实的相机，可以记录所有时代的特征，它是对历史研究的直观而有效的补充。在文艺复兴运动中，许多艺术家的绘画作品，便交织在浓厚的宗教情怀与人文主义激情的矛盾中。宗教的约束力与对世俗人性的本能追求，共同在绘画中呈现出来。这种矛盾性体现得比较突出的地区便是尼德兰。

尼德兰由于受世界宗教神权统治的时间比较长，祭坛画成为主要艺术表现形式，其特点是色彩艳丽，笔触细腻，画风细致。

文艺复兴时期的西欧，有两个艺术繁荣的主要地区，一个是意大利，另一个是尼德兰。它们的艺术，南北辉映，各有特色。当时尼德兰的造型艺术，主要是绘画，不仅分别给予法国和德国以影响，而且也受到意大利艺术家的重视。

尼德兰，即现今的比利时、荷兰和卢森堡一带，其居民一部分是拉丁族，一部分是条顿族。这一带地区是莱茵河、马斯河和些耳德河流经入海之地，地势低洼，水道纵横，海路和内河交通便利，自中世纪以来就是西北欧重要的贸易运输的枢纽。随着城市的兴起，商业和各种手工业特别是毛纺织业的发展，到了中世纪末期，作为当时北欧最繁荣的地区的尼德兰，就成为继意大利之后，最早出现资本主义生产关系萌芽的地方。尼德兰的文艺复兴就是在这一先决条件下，以繁荣的城市为中心展开的。

尼德兰在中世纪末期，原来是分属于法国和德国的封建领地。1384 年，通过宫廷联婚和协议，它的主要繁荣地区弗兰德斯等地纳入勃艮第公国的版图。勃艮第公国的统治者在尼德兰执行逐步扩张的政策，在15世纪70年代接管了尼德兰的全部地区，初步实现了尼德兰政治上的统一。15世纪末（1477年以后），通过宫廷联婚，尼德兰成为哈布斯堡帝国的一部分；16世纪初（1516年以后），又转为西班牙王国的属地；1555年，继查理一世之后登上西班牙王位的腓力二世对尼德兰实行变本加厉的封建专制的高压政策，取消城市的一定自治特权，横征暴敛，损害尼德兰社会各阶层的利益，对新教徒特别是对加尔文教派和再洗礼教派进行残酷迫害；1566年，尼德兰人民展开了反对西班牙封建专制统治，争取民族独立的这一斗争最后以北部荷兰取得独立，南部弗兰德斯（比利时一带）仍附属于西班牙而告终。

文艺复兴时期尼德兰的美术，指的就是从15世纪初到16世纪60年代尼德兰革命爆发达160多年间的尼德兰美术。用画家的名字作标志，凡·爱克兄弟是前锋，代表着这一时期的开始，老彼得·勃吕盖尔是后卫，代表着这一时期的结束。如上所述，这一时期，正是尼德兰人民在资本主义生产关系萌芽发展、封建社会发生深刻危机的条件下，开展反对封建主义，进行宗教改革，反对外国专制统治，争取民族独立的斗争时期。这一斗争的长期性和复杂性，大体上规定了尼德兰美术发展的缓慢曲折的过程。从这时期尼德兰的美术作品中，我们不仅可以看到尼德兰人民生活、思想和审美观点的变化，中世纪的宗教的、禁欲主义的世界观和正在发展中的重视现实生活的人文主义世界观之间的斗争，同时也可以看到尼德兰人民的民主意识和民族意识或明或暗的表现。

地方学派的传统和哥特式艺术是尼德兰美术发展的出发点。哥特式建筑，大量使用雕刻装饰，窗户众多，壁面狭窄，加之尼德兰一带气候潮湿，不适宜绘制壁画，所以文艺复兴时期尼德兰绘画的发展，在初期主要表现在祭坛拼版画和作为手抄本插图的微型画上，并且在造型上带有哥特式雕塑的影响。至于尼德兰绘画中细密精致的画风，则和画家从事微型画有密切的关系。微型画和拼版画的绘制，起初用的是胶粉画法或蛋胶粉画法。后来，为了加强颜色的光彩而在胶粉画上罩上一层油彩，从而发展成油—胶粉画。15世纪初，对油—胶粉画加以改进，形成油画方法。近代欧洲油画最初是在尼德兰发展起来的。

尼德兰文艺复兴艺术的萌芽，首先是以雕刻家克劳斯·斯留特尔和画家迈尔奇瓦·布鲁耶德拉姆以及林堡三兄弟为代表。

克劳斯·斯留特尔（Claus Sluter，1355/1360—1405/1406）是哈勒姆斯人，其早期的艺术活动及作品已不可考。从他于1379—1380年成为布鲁塞尔雕刻家行会的成员来看，他的成名与为布艮第公爵服务有关。1385年他来到第戎的布艮第宫廷，在这里，他留下了自己杰出的雕刻作品《第戎修道院的大门雕刻》和《摩西井》。《第戎修道院的大门雕刻》描绘了是勃艮第公爵菲利普·哈尔奇和保护神施洗者约翰。据说这两尊像的形象极其生动，可和当时意大利的雕刻相媲美。

迈尔奇瓦·布鲁耶德拉姆（Bloederlam，1365—1410）主要是弗兰德尔的纺织名城伊普雷斯的画家，也曾在布艮第宫廷作画，现存他的两幅作品是第戎修道院祭坛的镶嵌版画

《参拜神殿》和《逃往埃及》。

《参拜神殿》和《逃亡埃及》是一幅二叠屏画，它表现了圣母生平故事的两个情节。《逃亡埃及》中最精彩的是约瑟。传说布鲁耶德拉姆本是一位木匠，所以将约瑟描绘得身体粗壮、动作粗犷，劳动本色一目了然，而逃亡途中的艰辛、饥渴也在他粗犷的倾钵狂饮的姿态中表现出来。尤其值得一提的是，在细节描写上，画家显示了写实求实的功力，无论人物衣着、花草、器物都画得很认真。从这种原宗教题材成为一定的写实生活写照的画风来看，布鲁耶德拉姆不愧是尼德兰新绘画的一个最早的代表。尽管这两幅画，无论是人物、建筑还是景色都刻画得很细致，写实风格也较为突出，但在内景和外景的处理上却显得极不协调，尤其是外景的俯视和内景的平视效果，更是无法统一，看上去很别扭。但无论如何，从他写实的风格中，我们看到了一种新风格的萌芽。

林堡(Limbourg)兄弟的作品则将尼德兰文艺复兴萌芽期的绘画艺术推向高潮。保尔·林堡(Pol Limbourg, 1380—1416)是三兄弟中的老大，作品也以其名传世，但他们的作品大都是三人集体创作，可见尼德兰的艺术界，中世纪作坊的传统还是很强的。三兄弟曾同为法国的伯里公爵的宫廷服务，由于他们的技艺高超、学识渊博，深受公爵的器重和赏识。三兄弟最著名的作品是为公爵《华丽时辰祈祷书》绘制的月历插图。他们以一年12个月，画了12幅插图。这12幅图中，除了1月描绘的是公爵酒店的内景场面外，其余都是外景，逐月描绘了每一个月典型的气候特点及在这一特点下人们劳动和生活的场面。2月份，这是一个天气寒冷、大雪纷飞的月份，因而画家笔下的世界是一片银白色，大雪覆盖田野、树林、草堆、房屋和院落，突破了前人雪景只以白色涂点、象征冰雪的传统，从而展示了一幅真实的乡村雪景。这种真实还表现在以下几个方面：一是乡间生活的真实，农民冒严寒砍树枝、运柴火，妇女们在家烤火取暖，从他们撩起衣裙、烘烤被雪弄湿的鞋袜来看，他们也曾在雪中劳动过多时；二是那些雪中觅食的小鸟，它们爪刨、嘴琢，听到声音便小心地四处张望的神态，被刻画得活灵活现；三是近大远小，近之清晰，远则模糊的明显透视感；四是以颜色的深浅区别雪的厚度，树林和草堆上的雪较浅，颜色则浅，田野、院落中的雪厚，颜色较深。正是有这些真实感，首次画出了肉眼所见到的雪天风光，而且整个画面也充满了生活情趣。

林堡兄弟的《华丽时辰祈祷书》作于15世纪初年(1413—1416)其描绘之精、用色之美，曾使我们称赞它是“古今中外一切书籍插图中最令人喜爱的一部”。在他们之后，尼德兰的文艺复兴绘画就蓬勃发展了起来。

第二节　15世纪尼德兰南方画派和北方画派的大师们

15世纪上半叶至15世纪末，尼德兰文艺复兴美术进入了全面发展的时期。这在绘画方面，表现为众多画家的出现和画派的形成。在众多的画家中罗伯特·康宾、胡伯特·凡·爱克兄弟和罗吉尔·凡·德尔·维登等为南方画派的代表；德尔克·波茨、盖尔特根·托特·辛特·杨斯等为北方画派的画家。

罗伯特·康宾为尼德兰美术发展阶段的第一位杰出代表。大约从1406年起直到1444年逝世，他一直生活在靠近法国佛兰德尔的大城市图尔内。

他的早期作品表明他受到林堡兄弟较大的影响。他留下的作品中最著名的是《米罗德祭台画》。这是一幅三叠屏式的祭台画，两边的小画对折起，可将中间的大画遮挡住，起保护作用，这种形式在当时的西欧很流行。罗伯特·康宾的这幅画，中间的大幅为《受胎告知》，左边的小幅为《拜见圣母》，右边的小幅为《约瑟的作坊》。显然，祭坛画的主题是《受胎告知》。这三幅画尤其是《受胎告知》，从画面来看，已不再是书籍插图式的小品，而已有了纪念性的宏伟，图中人物也有了世俗性。中间画面上的圣母玛利亚已没了圣光，如没有天使的双翼，她就像读书聊天的人，丝毫见不到宗教的气息。图中的约瑟，就像一个技术熟练、专心致志干活的老人。只有跪见圣母的施主夫妇所流露出的目光，给了观众一种宗教的虔诚感。如果说抹去圣母的圣光这一点已表现得比意大利绘画更为激进的话，那么人物写实所表现出的世俗性，也并不比意大利的绘画差。由写实所表现出的世俗性，还表现在作者对背景的处理上。无论是花园中的花草、房间中的家具、挂在墙上的用品、摆在桌上的工具，还是打开通风的窗户、窗外的建筑物及街上的人群都是那样的日常生活化，远离了宗教。这幅画最独到之处就是光和阴影的处理。作者极细致地观察并描绘出了多种光源和物体阴影之间的关系。在《受胎告知》中，光源包括没有出现在画面上的左前方的大窗户、房间的后窗、左墙壁上方的两个圆窗，由于这些光源强弱不同，便形成了多层次的重影，如墙上所挂的铜盆的多层阴影、搭在架子上的面巾在墙上的多层阴影和靠椅在墙上的多层阴影等。这些重影与在强光之下衣袍皱褶处形成的光亮点及铜盆上的亮点，形成了鲜明的对照，由此看出画家对光源、光及阴影处理的高超技艺，这也是在意大利绘画中所没有的。但是，作者似乎缺乏正确透视法的运用，如大房间左右墙壁、右边小画的外墙的透视角度不成比例，花园敞开的房门的门线看上去也很别扭，更重要的是花园里的花草，屋内的家具、圆桌、鲜花、书籍、铜盆、洗脸巾等，看上去都是教廷的日常所用。其实，这并不是随意画上去的，而是有象征性的宗教含义。

康宾和他同时代的尼德兰艺术家如此清晰地将这些物件一一描绘出来的原因，是因为精细和神圣是紧密相关的。如果剔除宗教的因素，也就意味着越精细、越写实，艺术上就越完善，于是尼德兰的艺术家们所追求的“越写实越完善”和意大利艺术家所提倡的“越自然越完善”的人文主义创作思想就同出一辙了。当然，由于此时的尼德兰艺术家对人文主义思想的理解和对古典的学习，还不能与意大利的艺术家相比，他们细腻的写实精神还没有提高到塑造姿态宏伟壮丽的人物形象和体态的层次上，人体解剖和空间透视的科学技法也还欠缺，但他们的写实精神已预示了他们很容易也很快就会融入文艺复兴的新艺术之中，而这一过程，由凡·爱克兄弟和康宾的学生维登等人实现了。

杨·凡·爱克(Jan Van Eyck，1380/1390—1441)是尼德兰文艺复兴艺术发展阶段最重要的艺术家，出生在穆茨河畔的马赛伊卡，1422年成为独立画家；1425年入勃艮第宫廷作画，还在海牙开过画坊，招收徒弟，曾到过英国、西班牙和葡萄牙；1427年他参加了在图尔内举行的画家行会的庆典活动。广泛交游使他了解了社会，接触了尼德兰艺术界的名流，例如：在图尔内，他就和康宾、维登等人一起切磋过艺术；他对林堡兄弟的作品特征极为清楚；他也曾到过意大利，感受和学习意大利的艺术风格，这一切都为他革新尼德兰绘画创造了条件。爱克最著名的作品就是为根特城的圣贝文大教堂所做的《根特祭坛画》。根据画的外侧下框的一段拉丁文所载，它首先由杨·凡·爱克的哥哥胡伯特·凡·爱克动笔，后由杨·凡·爱克完成。《根特祭坛画》为三叠平式两层祭坛组画。将下层的大幅画一分为三，中间为上帝，左右分别为《圣母》《施洗者约翰》；左边的两幅小画为《亚当》《唱赞歌者》，右边的两幅为《奏乐》《夏娃》，上下层共 12 幅画。关闭时画面分为三层；上层为从左至右分别为《先知撒卡尼亚》《埃及先知》《库麦先知》《先知米卡》；中层为《受胎告知》；下层从左向右分别为《祭坛的供养人约多库斯·威德》《施洗者约翰》《约多库赛的妻子贝娜》，共 12 幅画，所以内外共 24 幅画。中央的大画《羔羊的颂赞》是祭台主画，起着统帅上下两层共 12 幅画的作用。画面表现了对基督受难的大礼赞。画面中心的草地祭坛上站着一只羊，血从它的胸口流出，注入圣杯中。周围跪着一圈天使，他们手中拿着各种基督受刑时用的刑具，如十字架、绑人柱、刑冠、皮鞭等。祭坛的前面是一口井，井的两边和天使周围是一群预言家、哲学家和王子、主教、圣女及信众。他们来自各国各地，姿态表情、服装打扮各式各样，以各自的方式来参加礼赞。人间的虔诚感动着上苍，天空中出现了象征圣灵的发光飞鸽，圣灵之下，则是象征圣子的羊羔，三位一体的基督教教义表露无遗。该画的背景是一副全景式的尼德兰风光，绿草茵茵、鲜花点点的大地，丛丛灌木起伏的山峦，高高低低的城市建筑，还有那缤纷的色彩，蓝的山、绿的草、浓郁的树丛、色彩丰富的鲜花，阳光照耀下反光的树叶、水滴，还有人们的各色服饰。在美不胜收的大自然风光下，人们来赞美代表着真理的基督。写实的美景和宗教的理想融为了一体，人和大自然融为了一体，这不正是人文主义思想的一种追求吗？还应提及画面上层的亚当和夏娃，这是两个世界艺术史上最真实的裸体。上帝创造的始祖，一丝不挂地生活在伊甸园中，本是基督教的固有信仰。在意大利文艺复兴的绘画作品中，人文主义的艺术家们借这两位始祖的裸体，歌颂人体之美。杨·凡·爱克在象征着真正的天堂中，放两个裸体，其目的也在于此。

杨·凡·爱克的肖像画更体现出了这一艺术理想。《阿诺弗尼夫妇像》作于 1434 年，该画被认为是在西方肖像画艺术中占有非常重要地位的一部杰作。这首先在于他实实在在的写实性。阿诺弗尼是意大利商人，1421 年定居布鲁日，是佛罗伦萨美第奇银行在布鲁日的代理人。他请画家为他做在异乡举行婚礼的见证人，而且要画家将他在新房举行婚礼仪式的情况真实地画下来，于是就有了这幅名作。这幅画被认为是欧洲艺术中第一幅心理肖像画，但它又大大超越了肖像画的意义，而具有了风俗画的性质。

维登是继康宾和杨·凡·爱克之后尼德兰的伟大画家，他出生在图尔内，是康宾的高才生。约 1432 年获画师称号，后迁居布鲁塞尔，并在此被授予市艺术家的荣誉。1450 年，他来到意大利，因而他的作品深受意大利新艺术的影响，同时也扩大了尼德兰画派在国际上的知名度。他的主要作品有《受胎告知》《基督下十字架》《最后的审判》和一些肖像画。在绘画中，维登对形体和体态的细致刻画，表现人物的内在感情的能力和解剖学知识的应用已超过了他的老师。《法兰西斯科的肖像》，创作于意大利，画的是一个意大利贵族，维登以衣着的规整和神态突出了他的身份，却强调了面部的清瘦和表情的坚毅，看上去倒更像北方日耳曼贵族。所以有评论者认为，这正是尼德兰艺术家加强民族化倾向的表现。

德克尔·波茨(Dirk Bouts，1415—1475)是尼德兰文艺复兴艺术北方画派的重要代表人物，他出生于哈列姆，在此接受了最初的艺术教育，后移居鲁汶，并获鲁汶市艺术家的称号。他的主要作品有《最后的晚餐》《基督在西门家》《奥托皇帝的裁决》等。波茨的画，极注重画面上透明和明、暗处理的统一，而宗教题材画中人物形象的处理则表现为真实的世俗人物与宗教情感的统一。例如，大约创作于1473年的《基督在西门家》，便具有这种画风的典型特征。在这里，宗教画完全被世俗化，而同时，画家也把宗教情感融入画中。

第三节　德国文艺复兴新艺术的萌芽与成长

德国文艺复兴美术萌芽于14世纪末和15世纪上半叶。它首先出现于莱茵河和多瑙河一带的城市中，这儿经济发达，市民阶级力量壮大，其中代表性的名城有科隆、纽伦堡、奥格斯堡、乌尔姆等，城市中也产生了新技术的萌芽。随着新技术萌芽的发展，形成了以这些城市为中心的地方流派。14世纪末，在这些地区出现了初步摆脱哥特式艺术生硬的模式，走向写实的画家，并由此奠定了德国文艺复兴绘画的基础，其代表人物主要有康德拉·维茨、斯特凡·洛赫纳。

康德拉·维茨(Konrad Witz，1385—1466)生于罗特维尔，后移居巴塞尔，成为巴塞尔画家行会成员，并主要在瑞士活动，受到尼德兰艺术的写实风格影响。这一影响，在他为日内瓦大教堂所做的祭坛画《基督履海》可见一斑。该画的内容取自《圣经·约翰福音》中的故事：渔民彼得带领同伴打了一整夜的鱼，却一无所获，天亮时候，基督出现在岸边，在他的指挥下，渔民们的渔网满得都拉不动。当彼得知道指挥他们获得丰收的人就是基督时，急忙穿上一件外衣，跳入海中向基督游去。作者把这个宗教故事的背景放到了日内瓦湖畔，画中表现的是映在湖畔的日内瓦城的临水楼宇、沿湖的村庄、修道院、通向四方的道路，日内瓦湖的风光尽收眼底。如此的风光实景在欧洲尚属首例。再看画面上的人物，除基督外，那撑杆、划桨、拉网、收渔的人，他们的服饰装束、动作姿态，生动地刻画出了劳动渔民的形象。尤其是彼得急忙涉水赶路的动作的逼真，更非写实高手莫能。所以有人评论说，维茨的写实功底可直追尼德兰画家写实派的水平。

斯特凡·洛赫纳(Strnfan Lochner，1410—1451)是科隆画派的大师。科隆的纺织业发达，15世纪已成为德国的文化中心之一，在这里活动着的一批艺术家，洛赫纳便是其中著名代表。洛赫纳可能出生于南巴登的密而斯堡，根据对他年轻时作品风格的分析，他很可能到过尼德兰和法国学艺，后来在科隆定居，成为科隆画派中的领军人物。他的主要作品有《三王来拜》《玫瑰圣母》。他的作品虽然有较明显的哥特式传统，如金色的背景、圣光的使用等，但更为重要的是他把文艺复兴新艺术的技术和某些绘画新理念融于自己的作品中。如《玫瑰圣母》画面的整体布局，圣母和耶稣头上有圣光，圣母身体缺乏体积感等都具有明显的中世纪哥特式的传统，但用圣母的深色衣袍、深绿色的草地与周围浅亮颜色的对比来描绘画面的空间，应是吸收了尼德兰的新画风；而从人物的动作表情上看，圣母的端庄、温柔，天使的活泼，小耶稣的可爱又都带有意大利的式样，可以说这幅画的成功正是在于艺术家将三种风格较为和谐地统一在自己的图画中了。

除了维茨和洛赫纳以外，活动于萌芽期的较著名的画家及佚名画作家们，也都显示出了对哥特式传统风格的继承和对未来新艺术风格的吸收兼容。

15 世纪后半叶，可视为德国文艺复兴美术的发展阶段。此时，在绘画方面无论绘画种类还是技巧和内容都有了较大的发展，并涌现出一批思想激进的画家，建筑和雕刻上也开始融入一些新元素，出现了具有文艺复兴特征的建筑。这时期新技术的发展为 16 世纪德国盛期文艺复兴艺术的繁荣作了准备。

15 世纪后半期德国的绘画表现出了两大特色：一是以尼德兰画风为代表的外来因素影响，在油画方面有所扩大；二是版画艺术的蓬勃兴起。德国的版画出现在 14 世纪末叶，它的发展得益于造纸术和印刷业。1390 年纽伦堡就建立了造纸厂，促进了版画的发展。不过，最初的版画属木刻画，15 世纪古登堡发明的铅、锑、锡合金的活字印刷后，版画艺术就逐渐以铜刻为主，德国也成了欧洲新版画的故乡。此时的德国画家往往兼有油画和版画的艺术才能，有的甚至在雕刻上也有突出的成就，米歇尔・帕赫尔、马丁・盛高厄、米歇尔・乌尔格穆特、老汉斯・荷尔拜因等便是他们中的佼佼者。

米歇尔・帕赫尔(Michael Pacher，1435—1498)既是画家又是雕刻家，根据对他作品的特点分析，他可能到过意大利，了解意大利文艺复兴绘画的新技法，作为德国的艺术家，他熟悉蒂罗尔和施瓦本地方的艺术，因而他的画在两者的融合上比萌芽期的艺术家们前进了一大步。

他的祭坛画《祈祷奇迹的圣沃夫岗》就成功地运用了透视法。画的内容为教徒圣沃夫冈虔诚地趴在祭坛的台阶上祈祷，奇迹出现，天使飞来，带来了天国的福音。画面具有德国特色，无论是祭坛的台阶还是铺着台布的祭坛，都有极强的立体感；而画面右下角格砖铺的地面、拱门及拱门外面的景色，还有按透视缩形法画出的身体、脸容和左臂翅膀，达到了意大利大师的水平。而仔细观察拱门外景的色彩，似乎又是意大利透视法和尼德兰以色彩造空间技法的结合。如将这部分扩大为一幅图里的画面，应该是一幅不错的风景画。

马丁・盛高厄(Martin Schongauer，1459—1491)是德国文艺复兴发展期著名的版画和油画大师。作为一名油画大师，他的作品在构图、细致刻画、人物姿态动作、面部表情、色泽艳丽上都含润着意大利绘画的特色，而景物的刻画和色彩的施用又带有尼德兰的因素，如他的油画名作《牧人来拜》便是如此。画中的圣母合掌跪地，姿态端庄优雅、表情温柔、面容秀美，仿佛意大利画家的手笔。盛高厄的版画更是声名远扬，其题材有宗教也有世俗生活。其中最著名的便是宗教题材的《圣安东尼的诱惑》。此画是欧洲版画史上最早的杰作，在当时就已极负盛名。盛高厄也名扬欧洲，对当时和以后的欧洲版画有很大的影响。

米歇尔·乌尔格穆特(Michael Wolgemut, 1434—1519)和老汉斯·荷尔拜因(Hans Holbein, 1465—1524)等15世纪末至16世纪初德国的艺术家们的作品，在吸收外来因素和哥特式传统的结合上也有自己的特色。例如，乌尔格穆特的木刻书籍插图，其线条的流畅、构图的丰满和装束奇异的人物形象，都对后人产生了很大的影响；老汉斯的油画《圣塞斯蒂安的殉难》则使15世纪晚期哥特式风格与文艺复兴精神达到完美的结合。他们的作品对推动德国文艺复兴盛期艺术的到来和德国美术民族风格的形成做出了贡献。

第四节　16世纪的德国文艺复兴绘画大师们

15世纪末16世纪初，德国的经济有了长足发展，纺织、采矿、造纸等都已很发达，商业也相当繁荣，新兴资产阶级的力量进一步加强，但是由于经济的分散性，总体上仍落后于英国、法国和尼德兰；而政治上的分裂，不但加剧了国内阶级矛盾，更导致罗马教廷对其剥削的加重，再加上教会僧侣的腐败和奢靡，各种社会矛盾急剧尖锐，最终爆发了宗教改革运动和伟大的农民战争。许多人文主义的画家投身于这轰轰烈烈的革命斗争，以画笔和刻刀做武器，创作出了不少主题鲜明、具有强烈民族色彩的作品，形成了德国文艺复兴盛期绘画艺术的特征和主流，而在他们中为此做出了巨大贡献的有格吕内瓦德、丢勒和荷尔拜因。

马提阿斯·格吕内瓦德(Matthias Grünewald, 1457—1528)作为活跃在德国文艺复兴盛期的著名画家，他的作品不仅在根植民间艺术吸收新技法方面推动了德国绘画的发展，而且在思想性方面也充分反映了当时德国民间宗教思想的活跃和平民群众对基督教教义的新理解。他曾受雇于美因茨大主教，[①]在思想上，他同情宗教改革，并是新学说的捍卫者，曾积极支持他的好友、宗教改革活动家阿尔勃利赫的社会活动，这正是他作品的思想渊源所在。他的画传世不多，但却在文艺复兴艺坛上独放异彩。

阿尔伯莱希特·丢勒(Albrcht Dürer, 1471—1528)则是德国文艺复兴盛期的艺术巨匠，与达·芬奇一样，也是欧洲整个文艺复兴时期最伟大的代表人物之一，他不但是画家、铜版画雕刻家、建筑家，而且是“在思维能力、热情和性格方面，在多才多艺和学识渊博方面的巨人”。丢勒祖籍匈牙利，其祖父时迁居纽伦堡，父亲是金饰匠。他1471年出生于纽伦堡，从小随父学艺，对绘画怀有浓厚兴趣，13岁时就有《自画像》问世，表现出他的绘画天赋。1489年丢勒学徒满期，随后便开始了他的修业旅游。1490—1494年，他游历了科马尔、斯特拉斯堡、法兰克福等地，游历中寻师访友，勤奋创作，了解社会，提高了画技。回

① 美因茨大主教是德国历史上“七大选帝侯”中三大宗教选侯之一。8世纪中，美因茨大主教圣博尼斯从美因茨出发向未开化地区的日耳曼人布道，并在荷兰一带殉道。

德国后不久，他又去意大利，在威尼斯、佛罗伦萨等地，临摹乔凡尼·贝里尼、曼特尼亚等大师的作品，学习了达·芬奇的艺术理论，特别是学习和研究透视学和比例学的新技法，开阔了视野、丰富了想象力，意大利的文艺复兴思潮更给了他深刻的激励，回国后建立了自己的画坊，创作了一系列的作品，如木刻组画《启示录》、油画《哀悼基督》《三王来拜》等。作为版画，《启示录》在保留传统技法的同时，开始融入新技法，其中以《启示录四骑士》最为著名。图中的四骑士，拉弓举剑者代表“战争”，扬剑者为“杀戮”，甩动天平的是“饥荒”，骨瘦如柴的代表着“死亡”，四骑士催马飞奔到人间，他们以武器评判世间的动乱，以天平来称量天下的不平，在天使的指挥下，英勇冲杀，马蹄所到之处，教皇、主教、贵族、国王、贵妇人统统被踩倒在地，画面左上角还有一个倒在地上的主教，正在被地狱之龙吞噬。画中人物的服装、武器的写实性，都为丢勒刻刀直指的阶级矛盾和民族矛盾尖锐的德国，充分反映了民间群众的憎恶与愤怒之所在。画幅强烈的思想性，正是作者进步的人文主义思想的具体表现。在艺术上，可以看出作者技法娴熟、刀法细腻，扭曲滚动的线条不仅将骑士勇敢冲杀的身姿、马蹄奔踏清晰地描绘出来，连倒在地上的人物的惊恐、愁苦、绝望神态，尤其是那个急忙逃避的人也刻画得极为生动。或许正是由于作品的思想性和艺术性，该画在群众中广为流传，自然对酝酿宗教改革的社会心理起了不小的推动作用，丢勒也因此画而名声大振，踏入了德国名画家行列。

就在完成《启示录四骑士》的同时，他开始探索铜版画技法，并成功地创作了《基督的诞生》《亚当与夏娃》等。《亚当与夏娃》创造性地将古典理想的人体造型，新的比例学、解剖学融于优美的线条和写实的笔法中，在宗教题材下，歌颂人本身，描绘人体的自然美，这在德国艺术中也是极具开创意义的。

1500 年左右，丢勒的创作进入成熟阶段，但文艺复兴时代永无止境的探索和追求完美的精神使丢勒于 1505 年又一次踏上意大利的土地。在意大利，他学习了透视学和意大利的美术理论，特别求教了达·芬奇的艺术思想和科技成就，还会见了大师拉斐尔，并和他建立了亲密的友谊。他把自己学习的心得体会完全融化在今后的艺术创作中，完成了许多不朽之作。

1520 年，不断追求完善的丢勒前往尼德兰旅游，在布鲁塞尔、安特维普等地，他研究了尼德兰文艺复兴早期大师们的原作，拜见了知名的同行，使他对绘画特别是绘画的民族性有了更深的领悟，他的创作也由此进入最繁盛阶段。在这一阶段中，最有名的作品就是 1526 年创作的油画《四圣徒》，表现了约翰、彼得、马克和圣保罗 4 位使徒。对于这幅画，有人用古典精神的“高贵的单纯却静谧的壮伟”来概括，恰到好处地评价了丢勒的画技。于此，画下方丢勒还请纽伦堡书法家写了一段长长的文字：“在这动荡不安的年代，愿世间所有的执政者时刻戒备，不要把世间的无知妄说当作至理名言，因为上帝从不把自己说过的话增减一个字，为此，我希望大家聆听这四位至真至善的使者——彼得、约翰、保罗、马克的劝告。”这段话正好可以帮助我们理解，之所以丢勒把 4 使徒刻画得具有接近普通老百姓的那种布衣教长般的平易形象，是因为这既可以和宗教改革运动所批斥的那些假先知、假道学相对照，也寄托着这个运动对那些真正的、人民的宗教领袖的期盼，所以 4 使徒历来被认为是宗教改革运动崇高理想的体现。

荷尔拜因(Hans Holbein，1498—1543)是德国文艺复兴盛期唯一可与丢勒齐名的绘画大师，他的肖像画、板画、水粉画和写生画都取得了成功，尤以肖像画最为著名。他是老汉斯·荷尔拜因的儿子，因而被称为小汉斯·荷尔拜因。1514 年他来到巴塞尔，拜当地名画家汉斯·赫尔比斯妥为师。当时，这里是德国文艺复兴运动的一大圣地，也是国际文化交流的中心，德国许多人文主义者和艺术家云集于此。荷尔拜因就在这里结识了著名的人文主义者伊拉斯谟，受新思想的影响，画技也随之更为长进，并在这座欧洲名城最终确立了自己的艺术地位。他的画作，尤其是肖像画，在写实传真、形神兼备的基础之上，另有一种精细绵密、清逸淡雅的特色，在西方艺术史上独具一格。根据荷尔拜因的创作，可将他短暂的艺术生涯分为三个阶段：1514—1526 年为创作的早期，1526—1532 年为中期，1532—1543 年为创作的后期阶段。

在第一阶段，荷尔拜因以他的肖像画而出名。1517 年，他前往意大利学习、旅游，意大利艺术家的巨大成果，特别是达·芬奇的艺术风格使他受益匪浅，画技更有了长足的进步。在《伊拉斯谟像》一画中可以看到他画技的变化。该画表现了正在工作的伊拉斯谟，画面上的伊拉斯谟为侧身，他端坐在书桌前，专注写作的神态通过紧密的嘴唇、集中注意的目光、下垂的眼睑、端正的坐姿出神地表现出来，体现了伊拉斯谟作为著名的人文主义学者的特点。1526 年德国农民战争期间，荷尔拜因完成了一组《死神谱》的木刻画，共 41 幅。该画采用了当时很流行的把死神与实际生活联系起来的这一主题，反映了德国宗教改革和伟大的农民战争时期的社会现实。

1526 年，德国农民战争失败后，国内局势更加动乱，许多人逃离巴塞尔，荷尔拜因的思想受到极大的震动。德国的艺术“正在冻结”，而英国的文艺复兴却方兴未艾，于是在 1526 年经伊拉斯谟的介绍来到英国，结识了托马斯·摩尔①等英国伟大的人文主义者，开始了他艺术生涯的第二个阶段。

1532 年侨居伦敦，由此开始了他创作的盛期，到 1543 年病逝于伦敦之前 11 年的时间里，他创作了许多传世的油画和肖像画。《亨利八世像》是为英国国王亨利八世所作，画家不仅以性格的暴烈、臃肿的体态，突出了亨利八世的形象，更以珠光宝气的装束，刻画出了王者的霸气和蛮横。这些性格各异、形象各异而又自成一体的肖像画使荷尔拜因获得了极大的国际声誉。正如罗丹评价的那样：“他的素描没有佛罗伦萨派的温婉，它的色彩没有威尼斯派的艳媚，但在他的线条和色彩中，有一种在任何别的画家那里也许找不到的力量、庄严和内在的力量。”②

德国文艺复兴时期的建筑和雕刻艺术远没有取得绘画那样的成就。在建筑方面，15 世纪时，更多地保持着哥特式的传统风格，屋顶十分陡峭，山墙高耸，有的则为阶梯式，上

① 托马斯·莫尔(St. Thomas More，1478—1535)，欧洲早期空想社会主义学说的创始人，才华横溢的人文主义学者和阅历丰富的政治家，以其名著《乌托邦》而名垂史册。

② 转引自赵海江《文艺复兴时期的艺术大师》，中国人民大学出版社，1992 年版。

面装饰着锋利的小尖塔。但南部的城市，尤其是巴伐利亚地区，由于离意大利较近，其建筑式样更多受到了意大利式样的影响，最为明显的例子就是奥克斯堡的费卡家礼拜堂，采用了威尼斯初期文艺复兴的建筑式样。而在德国北部，建筑主要受尼德兰的影响。16世纪德国的建筑在15世纪的基础上，基本可以分为两派：在南部，意大利风格更为明显，比例和谐，布局条理井然，如建于16世纪初的富格尔礼拜堂则被认为是德国“第一座文艺复兴建筑”；在北部，有许多尼德兰建筑师为德国的建筑做出了贡献。但无论是南方还是北方，德国的建筑在吸收外来式样的同时，仍保留了许多本地的传统，形成了自己的特色，如16世纪末17世纪初，曾留学于意大利的德国大师伊莱雅斯·霍尔(1573—1646)，就把意大利风格和当地的传统风格相结合，设计建造奥格斯堡市政厅。类似的世俗纪念性建筑还有布莱梅的市政厅、威斯特伐利亚的城堡建筑等，这些建筑都体现出了上述两种式样的结合。也正是这从这种不拘风格的建筑形式中，演变出了巴洛克的建筑式样。

德国的雕刻艺术，在15世纪上半期虽仍处于传统的哥特式风格中，但已透露出了新信息，如莱茵河中游的一些圣母像，就有了温柔欢愉的面容。15世纪末16世纪初，更多雕刻家的作品摆脱了中世纪的拘谨与抽象，表现出了对人体结构、比例特征、体型动作的极大兴趣。这些都预示了新世纪德国新雕刻艺术的更大发展，也促进了施瓦本、弗兰科尼亚、博登等先进雕刻艺术中心的形成。特别是16世纪初，德国更有许多雕刻家的艺术实践，已“完全可以置之于文艺复兴时代先进的艺术文化行列”。到16世纪中叶以后，由于德国所遭受的社会动荡与经济动荡，文化的发展也受到了极大的挫折，雕刻艺术随之而衰落。

第五节　法国文艺复兴艺术的兴起

法国的文艺复兴艺术兴起于15世纪。此时，英法百年战争(1337—1453)在法国民族情绪高涨的情况下胜利结束。随后，在经济上，被战争破坏的农业迅速复苏，手工业和商业进一步发展，国民的经济生活也得到恢复。政治上，在路易十一统治时期，专制制度的基础基本确立，法国已基本上成为一个以王权为首的统一的民族国家。国家的统一使各地之间经济文化联系得以加强，推动了文艺复兴文化和艺术的发展。在艺术(主要是绘画)方面，在15世纪初已在各地可见到一些新艺术流派的活动，代表法国文艺复兴美术的萌芽，他们中主要有阿维农画派、卢瓦尔画派、巴黎画派、第戎画派等。在15世纪中期，各派之间虽然有着明显的区别，但合并已成为趋势，这促进了法国文艺复兴美术由萌芽期向早期的过渡。

让·富凯(Jean Fouquel, 1420—1477)被称为法国绘画和肖像画之父。他的出生地点不详，在卢瓦尔地区，他度过了自己的青年时代，大约1440—1445年侨居巴黎，求师于海恩·斯兰·德·阿格诺门下。在法国期间，他接触了许多艺术家，完成修业。1445—1447年，富凯在意大利访问，与不少艺术家交往，深受他们的影响；在罗马逗留期间，曾为罗马教皇尤金四世作过画像。在瓦萨里的《名人传》中也曾提到他的名字，可见在意大利他还是很有名气的。1448 年，他回到图尔，受到查理七世的青睐，并为其宫廷服务，后又为路易十一所用，并获得“国王画家”的称号。富凯一生留下作品有油画、细密画、珐琅制品和素描，其作品的特点是将意大利和尼德兰风格融于法国民族艺术的传统之中，形成了自己的风格，如《审判阿朗松公爵》《圣马丁》《大卫得知扫罗之死》都给观众留下深刻的印象。在这些形象的创作中，富凯不仅继承了林堡兄弟的洗练、深厚和巧妙的手法，而且创造性地把它们的静态形象发展为动态形象。或许正因为如此，他能青出于蓝而胜于蓝，在微型画方面不仅胜过了意大利和尼德兰的画家，而且把法国的微型画推进到欧洲微型画的前列。除了富凯之外，15 世纪末还应提及的画家有让·老克鲁埃（约 1500 年去世）、西门·马尔米昂（1425—1469）、让·布尔吉善等，正是他们把意大利艺术家开创的注重写实主义的画风和法国精细描绘的风格相结合，为法国文艺复兴美术更进一步发展奠定了基础。

第六节　16 世纪法国文艺复兴的建筑、雕刻和绘画艺术

15 世纪末，法国基本完成了政治上的统一，到 16 世纪初，法国已成为西欧领土广大、人口众多的国家。其生产力得到了进一步的提高，尤其是工商业，如纺织、制陶、玻璃、印刷等行业发展迅速，对外贸易也日益活跃，新的资本主义生产关系强烈地冲击着封建制度。专制制度的确立，国内统一市场的形成，统一法律的制定，这一切都使国内的经济生活和社会生活方式发生了深刻变化，更促进了人们对新文化、新技术的向往，而法兰西斯一世奖掖新文化的政策以及意大利艺术家进入法国，如达·芬奇、安德烈·德尔·萨托[①]等，法国艺术师也不断被派到意大利去，促进了法国文艺复兴艺术发展盛期的到来。

在建筑方面，15 世纪末，法国的建筑艺术虽在市政和民宅上已出现一些新形式，但就整体而言，基本上还处在哥特式的传统式样中。直到 16 世纪初，这种局面才被一种在古典建筑的基础上吸收了意大利风格的混合样式所打破，并为文艺复兴盛期建筑艺术的发展奠定了坚实的基础。

16 世纪初，混合式的建筑不仅见于教堂，也多见于宫廷和贵族建造的城堡式府邸、猎庄。例如，巴黎的圣多斯达希教堂采用了半圆形圆拱和古典建筑的程式，同时在教堂的正立面附以新的装饰式样。宫廷和贵族的宫堡主要集中在卢瓦尔河一带，这里的建筑中最主要的有阿宰勒里多府邸、舍农所府邸、布鲁瓦宫、香波堡等。这些建筑物虽还保留着中世纪城堡的基本结构和城壕、角塔、突出的老虎窗等传统要素，但崇檐高窗明丽透亮，其上还有古典式小柱、花饰、雕像的装饰，已透视出了新意和时尚。例如，布鲁瓦宫是法兰西斯

---

① 安德烈·德尔·萨托：真名为安德烈·达尧罗（1486—1530），他是意大利文艺复兴盛期佛罗伦萨画派的最后一位代表。他于 1518 年春应法兰西斯一世的邀请，到法国宫廷作画。

一世的住宅,也称为法兰西斯一世大楼,兴建于 1515 年,竣工于 1524 年,是法国第一座文艺复兴式的建筑。建筑朝向院子的南立面极富特色:纯真的爱奥尼亚壁柱作为宽敞窗户的开间,有装饰丰富的檐口、透空的栏杆,在墙壁、烟囱和老虎窗山花上装饰着据说是由法兰西斯一世设计的假面具、甲胄、烛台等图案,这一切在追求意大利风格的同时,保留了哥特式的某些传统。而该建筑最为新奇的特点就是它突出于墙面的巨大螺旋式楼梯,随梯安置了倾斜式环形栏杆的三层露台,极具运动感。这一新式的楼梯后来成为法国文艺复兴建筑的楼梯模型,尤其是香波堡的楼梯,更创造性地建成了双道对应的螺旋形式,使上下行人始终闻其声而不见其面,结构更为宏伟和巧妙。

香波堡是法国统一以后的第一座真正的王宫建筑、民族国家的第一座建筑纪念物。该建筑兴建于 1519 年,1550 年完工,曾是法兰西斯一世的行宫,据说最初的设计者是意大利人,后经法国建筑家和石匠们修正而建成。整个建筑方正完整,四方大院的四角各有一座角塔,中央宫室屋顶上冠带了一个气楼,高耸于林立的烟囱和带有顶楼小窗的尖塔中间。其内部有 4 个希腊十字型门厅划分,在这一基础上扩展成一个很大的长方形结构,其对称分割的集中形式类似于意大利托斯卡纳地区的别墅及建筑,而这种对称建筑形式也是第一次出现在法国的建筑中。据说就这一个宫廷建筑,法兰西斯一世曾多次征求过当时正在法国的达·芬奇的意见,其设计中很可能带有达·芬奇的一些设计思想。这一建筑虽在顶阁、烟囱方面仍显示出哥特式的特色,但它的落地窗一律用平顶檐部而不用哥特式的尖拱,而窗户、顶格和烟囱上遍饰古典式的雕塑,也削减了这一特色。至 16 世纪中期,当法国自己的建筑师对新风格掌握得较为彻底时,带有法国特色的文艺复兴建筑便产生了。

最先体现法国特色建筑式样的,乃是 1546 年开始动工修建的卢浮宫。卢浮宫最初只是塞纳河畔的一座方形堡楼,最早的历史可追溯到 1190 年,14 世纪时才由堡楼改为住所,逐渐成为巴黎城内著名的王宫。1527 年法兰西斯一世拆除旧建筑,建造了一座四合院式的皇家宅府,四边盖楼房,中间为露天广场,其面积也比原来扩大了 4 倍。在法王亨利二世时,由建筑师皮埃尔·莱斯克完成了院落中西北南翼的楼房。这是一座意大利风格与法国精神完美结合的建筑,既古典而又高雅,为日后卢浮宫的修建定下了基调。莱斯克所设计的建筑本来是两层,第三层是在建筑的过程中加上去的。第一和第二层以层叠的古典柱式分为九块柱式间壁,其中,中间和两侧分别为双柱夹峙的开间,形成中心与两侧的对称。一层为科林斯柱式,窗户上方的拱券深深嵌入,给人一种轻快的支撑感,又使上层凸显出来;中层为混合柱式,意大利式的三角形和弧形山墙穿插做窗户的檐部,与一层拱券相呼应;第三层虽比较低矮,但配上高大的屋顶,又与一层和两层显现出了整体的和谐。就是在这种和谐中,立面划分突出了中心与两侧对称的三个入口开间及分割较宽的双柱拱卫,而三个入口的顶层用较高大的弧形三窗为顶盖,顶格小窗与屋顶相连接的手法又突出了法国的传统;加上复杂而细致的柱头、花边、壁龛雕像、顶格浮雕的装饰,又在法国的传统中融进了高雅的古典成分。或许正是因为这种巧妙的不露痕迹的融合,有人把这座建筑称为法国盛期文艺复兴建筑的代表作。

在雕刻方面，早在 15 世纪初，法国雕刻艺术已有追求健美人体和表现世俗精神的新动向，之后，这些新动向更为明显，尤其是在意大利和尼德兰的影响下，出现了一批具有人文主义创作思想的雕刻家，其中最著名的是米舍尔・科隆布(Mica Scher Cologne，1430—1512)。科隆布的代表作多创作于 15 世纪末，因而有人认为它是法国 15 世纪最著名的雕刻家，认为他在创作中“利用了意大利文艺复兴文化……创造了在精神上和性格上完全是新的形象”。

让・古戎(Jean Goujon，1510—1564/1568)是法国盛期文艺复兴的“真正代表人物”。他多才多艺，在装饰和建筑、素描和版画等领域都有不朽之作。1543 年前后来到巴黎，在这里留下了他著名的代表作《哀悼基督》《四使徒》《凯旋之神》和《纯真之泉》。《纯真之泉》是为庆祝亨利二世登基，巴黎市政美化工程中的一项。工程的建筑部分，由其他人设计，建筑浮雕由古戎完成，喷泉的周围有 7 个链环拱组成的游廊，游廊的壁面上，有希腊神话人物形象的雕刻，其中一组名为宁芙仙女的雕像，无论是从构思的精巧、人物造型的优美、动作的流畅和变化的奇妙上，都显示出古戎雕刻技法和创作思想的高水平。

16 世纪，法国绘画呈现比雕刻更为丰富多彩的景象。16 世纪上半叶，许多来法国的意大利画家在对法国绘画产生影响的同时，也受到法国绘画特征的影响；而法国的画家在继承民族传统、探讨新绘画样式的同时，带来了法国盛期文艺复兴绘画的繁荣。“枫丹白露派”的形成使法国的文艺复兴绘画发展到顶峰。

“枫丹白露派”是在枫丹白露宫的建造和装饰过程中形成的。该宫是凡尔赛宫以前最重要的一座王宫，它始建于 16 世纪的上半期，当时法兰西斯一世召集了不少意大利艺术家，参与这一工程的建造和装饰工作，其中为法兰西斯一世长廊做壁画装饰的是罗索・菲奥伦蒂诺(Rosso Fiorentino，1494—1540)和担任过法兰西斯一世首席画师的法兰西斯科・普里马蒂乔(Francisco Primaticcio，1504—1570)。罗索的作品构思新颖、气氛庄严，整个画面极为富丽堂皇；普里马蒂乔主要绘制了亨利二世画廊的壁画，设计清新、场面宏大。当然，无论是罗索还是普里马蒂乔，在创作手法和风格上，比如人的动作、姿态、手势和透视缩形法的运用等，都带有明显意大利晚期文艺复兴的样式主义特点，尤其是普里马蒂乔的裸体人物的描绘，略微伸长的体形匀称而优美，现实主义的手法中又有着对古典理想美的追求。当时法国还没有出现裸体画，这无疑是新奇的启示。但同时他们的作品也吸收了法国作品中的乐观精神，而在选题上也多为历史、隐喻和古典神话，以借此歌颂法兰西斯一世对文学和艺术的保护。这种融意大利与法国因素于一炉的桥梁作用奠定了“枫丹白露派”基础，不少法国画家追随他们风格而形成的新的法国绘画艺术，“枫丹白露派”的特点是：画面富有动感，色彩华丽，略带轻浮；肖像的刻画显示出一种特有的精巧。

在法国各地还活跃着很多颇有成就的画家，他们的作品使 16 世纪的法国绘画获得了从未有过的成就，虽然由于长期的宗教战争的影响，美术事业遭受挫折，但文艺复兴时期艺术家们的努力，已为日后法国艺术进一步发展并在 17 世纪逐渐取代意大利成为引导西方艺术潮流的代表奠定了坚实基础。

第七节 西班牙文艺复兴绘画大师及其成就

西班牙复兴美术大约开始于15世纪，但由于西班牙的政治、经济、文化和宗教等原因，文艺复兴运动受到了种种阻力。西班牙经过了长期反抗侵略的斗争，直到15世纪中叶才获得独立，于1479年完成了政治上的统一，并为政治、经济和文化的发展提供了较好的条件。但因封建君主一味对外扩张，掠夺殖民地，满足封建贵族奢靡生活的需要，致使农业遭到破坏，工商业发展缓慢；同时，天主教势力较大，特别是宗教裁判所活动猖獗，更造成文艺复兴人文主义思想在西班牙传播的困难，也因此形成了西班牙文艺复兴美术的特点，即宫廷和宗教色彩浓厚，表现出激烈的矛盾和冲突；文艺复兴的美术在没有得到充分发展的情况下，便走上了样式主义的道路。

西班牙文艺复兴的绘画最早在14世纪就出现在富有的沿海省份——加塔罗尼亚和巴伦西亚。这里很早就同尼德兰和意大利建立了活跃的商业和文化联系，资本主义的萌芽也已出现。进入15世纪，更有意大利和尼德兰的艺术家，如尼德兰的杨·凡·爱克来到此地，直接影响了这一地区的绘画，文艺复兴的美术也正式发端。16世纪上半叶，艺术中心转向内地，但在16世纪下半叶开始衰弱，然而在16世纪末和17世纪初，西班牙却有一位远自千里渡海而来的希腊大师格里柯独放异彩，为西班牙文艺复兴绘画奏出了最高音。

西班牙文艺复兴绘画萌芽的代表人物费尔列尔·巴索(F. Basso, 1290—1348)有“西班牙乔托”的美誉。在他主要的画作《崇拜圣母》《基督复活墓前的女圣徒》等画中人物的动作和表情，摆脱了中世纪绘画的死板和呆滞，显示出强烈的生命力；画面上也出现简单而带有透视因素的背景，尽管这些画还带有中世纪绘画的种种痕迹，却也开启了西班牙文艺复兴绘画艺术之先河。

15世纪，巴伦西亚和加塔罗尼亚都出现了带有新风格的画家。路易斯·达尔马乌(？—1460)曾活跃于巴伦西亚，其画风深受杨·凡·爱克的影响，并到尼德兰做修业旅游，学习了尼德兰画家对自然的观察和细密画的技法。他的代表作《城市官员围绕的圣母》就模仿了杨·凡·爱克的作品，圣母带有尼德兰贵妇的形象，围绕圣母的人们也有了一种“无疑的肖像确实性”，连构图也带有杨·凡·爱克的《根特祭坛画》的痕迹。而他用水胶颜料画油画的技法，也影响了西班牙画坛很多年。在模仿和学习尼德兰风格的过程中，一些西班牙画家把外来因素与西班牙民族装饰绘画相结合，形成了“西班牙—尼德兰样式”的风格。随着国家的独立和统一，君主制度的建立，以卡斯提尔为中心的“西班牙—尼德兰样式”风格在费尔多拉·加列格(Eairdora Gallery, 1440—1507)等人的推动下，就更为明显。费尔多拉·加列格的主要代表作品有《基督磔行》和《圣卡尼娜训教》。在这些作品中，从画面情节的处理上看，作者借用了尼德兰画派的故事处理原则，但以西班牙装饰性画风所描绘的曲卷人体所显示出的痛苦表情，给人留下深刻的印象，所以有人评价说

"正是他的作品体现了西班牙的精神"。

16 世纪上半期随着国家的统一，君主制的强大，尤其是对意大利的占领，两国之间在外交、商业和文化上联系的扩大，意大利文化的影响更为加强；在加塔罗尼亚和巴伦西亚地区美术继续发展的同时，新文化也开始转向内地，形成了新的文化中心，塞维利亚便是其中之一。当时活跃的画家中具有代表性的人物有阿联赫·费尔南德斯、路·巴尔加斯、胡安·德·胡安涅斯等。

16 世纪下半叶西班牙帝国走向衰弱，社会矛盾激烈而复杂，宗主国与殖民地的矛盾、君主政权与地方贵族的矛盾以及阶级的矛盾都在加剧，这一切使得当时的君主腓力二世的统治带有浓厚的宗教色彩，宗教裁判更加疯狂地镇压人民运动，扼杀自由思想，导致美术在崇尚折衷式古典主义的同时，更带有某种呆板化、公式化和更为公平化及贵族化的倾向，样式化大为流行。16 世纪下半期在绘画方面的代表人物有阿隆索·桑切斯·科埃里奥、巴道哈·克鲁斯、路易斯·莫拉莱斯和埃尔·格列柯等。

埃尔·格列柯(EL Greco，1541—1614)出生于希腊，格列柯即"希腊人"之意，早年曾在故乡习画圣像，受到拜占庭画风的影响，大约 1566 年来到威尼斯，先随提香学画，后拜丁托雷托[①]和委罗内塞为师；1570 年，他还专程到罗马观摩米开朗基罗和拉斐尔的真迹；大约在 1577 年，深感在天才众多的意大利自己无用武之地而到西班牙，以期发展。西班牙确实有适合他发展的土壤，遂成了西班牙 16 世纪下半叶文艺复兴艺术成就的真正代表，同时也是西方艺术史上一位很有特色的绘画大师。格列柯的画风具有混合性，既有拜占庭风格的痕迹，也融进了罗马样式主义的体型和画风。如他到西班牙后的第一件作品《圣父、圣子和圣灵》，这种特征就非常明显。而在西班牙的环境中，他的画又带有浓厚的神秘宗教色彩，如作于 1581—1584 年的著名代表作《圣莫里茨的殉教》。这幅画是为埃斯克里亚尔宫作的祭台画，内容为罗马军的将领莫里茨因坚决不放弃基督教的信仰而被罗马皇帝处死，画面表现的正是莫里茨宁死不屈、英勇就义的场面：面对行刑，莫里茨手指着天空，表情沉稳而镇静地向人们宣传着教义；背景是莫里茨被押赴刑场的情景；天空中天使唱着赞歌为英灵送行，并给他带来了光荣的桂冠。该画混合性的画风突出，如在人物形体的描绘上，可看到米开朗基罗的风格；天使的沸腾上升，似乎有拉斐尔的某种特色；在色彩的使用上有强烈的提香感；而在人物的塑造上，又给人一种怪异的色彩，除身体被有意拉长外，细而短的腿与肌肉发达、强壮有力的上身似乎显得很不协调，而背景的场面和天使翻飞的动态感以及前景人物的姿态，使整个画面充满了一种神秘而强烈的宗教情感。或许这正是格列柯的混合性风格，使整个画面在抓住观者目光的同时，更引起强烈的宗教情感的共鸣。

《奥尔加兹伯爵的葬礼》是格列柯于 1586 年为托莱多城圣多米教堂所作，也是他最具代表性的画作，其内容是有关于教堂捐赠人奥尔加兹伯爵的传说。传说在 200 多年前，奥

---

① 丁托雷托(1518—1594)：雅科波·罗勃斯特，绰号叫丁托雷托(意为染色工)，他年轻时从师于提香，非常崇拜提香的色彩和米开朗基罗的造型。

尔加兹伯爵去世时，两个圣者奥古斯丁和圣斯提芬突然降临，并亲自把伯爵的遗体送入墓室。这幅画构思奇特，整幅画分为三层，以现实与幻想的结合表达作品的主题。画的最下层，在神父的主持下，两个圣者小心而缓缓地将伯爵的遗体放入石棺，两位圣者的服饰被刻画得极为细致，颜色艳丽，尤其是奥古斯丁那顶大帽子，与神父的服装的白色和遗体的黑色形成了鲜明的对照，幻想中的人和现实中的人物把人们由现实引向了传说。中间一层人物有与伯爵同时代的古人——那个青衣包裹身体的修士以及与画家同时代的许多名人、群众，这些人多是以真人为模特的肖像画，如前景上在斯提芬身旁的儿童就是画家 8 岁的儿子、位于斯提芬后背面的就是画家自己。对眼前的奇迹，他们的表情不一，有的大惊，有的急忙朗读经文，有的闭眼祈祷，于是人的各色真实心理被融进了观者的幻想中。而前景中主持葬礼的神父，不仅把第一和第二层连接为了整体，而他抬头仰望的姿态又把人们的视线引向了最高一层——天界。天界占据了整个画面的 1/2。画面上，伯爵的灵魂升了天空，受到诸神的欢迎。这是宗教情感的最后归宿。在这幅作品中，格列柯把他的画风发展到极致。例如，由于人物体型的拉长，为与之相配合，人物的脸变成了鸭蛋形，最明显地反映了样式主义人物造型的特色，但由于画家绘画人物性格的深厚功力，他笔下的各色人物都富有表现力而感人至深。画家在构图的协调、对比、呼应方面也极注意，使整幅画丰富多彩，而又融为一体。从画面上看，第一和第二层在世间，面对伯爵的逝世，通过人物表情、色彩的烘托，主要强调一种沉闷与凝重的气氛；而上层的天界，无论是沸腾的天使还是张开双臂的基督、圣母和众神的姿态，都给人极强的运动感。为了使整个画幅协调，作者以动中有静、静中带动为原则，给下层左下角面部表情较为死板的儿童设计了活泼的动作，其伸出左手，指着斯提芬法衣大袖上的金圈玫瑰图案，而右手食指也随左手的动作，不自觉地伸了出来，再加上斯提芬歪头看着孩子的动作，使沉闷的气氛中增加了几分生气；在天界，在激烈的动态感中，圣母的姿态却又相对沉稳，这不仅符合圣母的身份，也使激烈的气氛得到了某种缓解。除此之外，作者还在上下层之间画了一个身着黄衣，把伯爵灵魂迎奉上天的天使，他手中抱着的小白人就是伯爵灵魂的象征。这样，通过由下而上升的天使，再加上抬头望天的神父，整个画幅便有了浑然一体之感，幻想和现实也由此统一纳入了画家的艺术宇宙之中。“格列柯是一个充满幻想的人”，在幻想与现实的结合中，把现实与幻想的形式突显于画面上，借画面表达了对人生、对现实的思考。所以有人认为在他的作品中“包含着深刻的哲理性”。或许这正概括了一个来自希腊，经过意大利，又生活在动乱时代的西班牙的这个“国际”艺术大师所特有的人文思想。

第八节　西班牙的文艺复兴建筑与雕刻

西班牙文艺复兴建筑艺术深受意大利风格的影响，表现为意大利建筑装饰和本民族传统建筑装饰相结合，形成了西班牙文艺复兴时期特有的“银器式”的建筑风格。15 世纪末为这种新建筑风格的早期阶段，16 世纪上半期进入成熟期，16 世纪末进入发展的盛期。

西班牙美术史上一般把伊莎贝拉女王统治时期，作为西班牙“银器式”建筑风格兴起的阶段。此时，出现一大批意大利柱式体、装饰细节与西班牙当地哥特式和阿拉伯式样相结合的建筑，在某些建筑部分，如正立面、大门、窗户、栏杆等都具有银器般的精雕细刻的面貌，因此获“银器式”之名。

16 世纪上半叶西班牙“银器式”风格日趋成熟，此时意大利建筑对其影响明显加强。在“银器式”早期借用文艺复兴的某些结构的基础上，一些西班牙建筑师开始从精神本质上探讨意大利文艺复兴的建筑艺术，并在作品中以自己的理解处理古典形式，将文艺复兴的各种新要素融于民族传统。于是，两者的有机结合便构成完整的艺术形象，形成了自己本民族的文艺复兴建筑艺术特征。这突出表现在公共设施和住宅建筑中，同时在布哈斯堡王朝强大王权统治下，一些建筑更突出古典形式。如建于 1515—1529 年卡纳曼卡大学图书馆正面门的立面，每一层都用古典柱式分割成中间较宽、两边稍窄而对称的开间，在每层的檐口和开间内做雕刻装饰，尤其是上面两层，更是被细致而美丽的装饰所布满，其中不仅有王冠、族徽和盾形饰物等，还有教皇、国王、女王的肖像浮雕，所以它被认为是“银器式”风格成熟期最好的例证。

16 世纪上半叶的宫廷建筑，以格拉纳达查理五世宫最为著名。该宫始建于 1526 年，但直到 17 世纪中叶才完成。它的设计者是西班牙著名的建筑师彼德罗·马楚卡(P. Machuca，？—1550)。马楚卡多才多艺，在绘画、雕刻和建筑方面都有杰出的建树，他曾到意大利留学，不仅亲自接触米开朗基罗那样伟大的艺术家，对布拉曼特的建筑风格也极为了解，因而他的建筑作品更具古典气质。格拉纳达宫的平面为正方形，内接一个圆形院落，以院落为中心，周围建一圈两层的柱廊，柱廊的下层为多立克柱式，上层为爱奥尼亚柱式，这使圆形的院落既有古罗马的圆形剧场的味道，又有西班牙斗牛场的色彩。格拉纳达宫廷的正门立面，被认为是布拉曼特设计的拉菲尔宅邸的变体，又仿效米开朗基罗的建筑风格：宫殿的下层有沉重的粗面石砌成，中央以纯正的多利亚柱式和爱奥尼亚柱式对称分割开间，门楣和窗楣以呈三角形的山花作为装饰，其上还有圆形的雕刻；为了建筑的整体性，中央两侧窗上的圆形雕刻也改为圆形窗框，同时也和圆形的院落配合相得益彰，更显出设计者富有艺术性和完整性的构思。

16 世纪末，在腓力二世统治时期，最能显示出君主专制权力的建筑是 1583 年建成的埃斯克里亚公宫。这座宫殿前后经过了三个建筑师之手。它的最初设计者是胡安·德·托莱多；他去世后，工程由意大利建筑师卡斯特略接替；1572 年，托莱多的助手胡安·德·埃雷拉(Juan de Herrea，1530—1597)，又担当了该建筑的领导。西班牙的两代建筑师都曾到过意大利，并就自己的设计广泛征求意大利建筑大师的意见。工程建设之初，腓力二世还对宫殿建设作了专门的指示：形式要单纯，整体要严谨，高尚而不傲慢，尊贵而不虚夸，且整个工程也是在他的监督下完成的。埃斯克利亚宫坐落在马德里西北 30 公里处的旷野上，是一座规模宏大的教堂、宫殿的建筑综合体，整个宫城长 678 英尺、宽 675 英尺，总面积 4 000 平方米，共分为 6 个部分，包括教堂、宫殿、王室墓穴、图书馆、公署、兵营和医院等 10 多座内院，房间数以千计。这座宫殿的建筑布局相当有条理，有明确的大区、小区之分,各区又自成一体。从建筑群的整体布局看,很像个炉箅,因为宫殿是腓力二世献给圣劳伦斯的,而圣劳伦斯是被放在炉箅上烧死殉道的,因此,它的正方形和内部的方格分区正是炉箅的象征,而四个角的尖塔正是炉箅的支角。整个建筑全部用花岗石、青瓦建成,绝少装饰,墙面简单朴素,连窗户也只是个洞口,因此外观雄伟下有一种冷峻的高傲之气,缺乏文艺复兴建筑常有的那种温馨之感。但从总体来看,它的建筑形象构成了文艺复兴建筑的一个成功范例,在规整、坚固和简洁中,四角的尖塔、教堂前的那对尖塔楼、教堂的大圆拱顶、凯旋式的大门、长达半里地的楼房等多种建筑式样组成令人难忘的宏伟结构。特别是庭院中花园的布置,亭台、楼廊的秀巧和雄伟高大建筑物所形成的对比,又构成了整座建筑群的生动活泼之态,这不仅使它成为巴洛克风格的先导,而且在它建成后,轰动了欧洲中央集权的宫廷。据说法国的凡尔赛宫便是为了同它争胜而建造,由此看出埃斯克里亚宫在欧洲建筑史上的影响。

西班牙文艺复兴时期雕刻最初是受意大利影响,同时又和当地阿拉伯雕刻艺术混合发展而成。16 世纪受到意大利风格越来越强烈的影响,才出现纯正文艺复兴雕刻艺术的繁荣。

15、16 世纪之交,西班牙混合式的雕刻主要是教堂的祭坛木雕。这种木雕一般都十分高大,作于木板之上,先将木板划分成许多小格,再在上面刻制宗教故事和人物。当时最有成就的雕刻家是希尔・德・西洛埃(Siloe, ? —1505),其与他人合作,于 1496—1499 年成功地雕刻了布尔戈斯大教堂的一件长方形祭台木雕。木雕的内容为基督受难。整个作品场面宏大,中间表现主题,被四周众多圣徒包围,下面是国王和王后的跪像,加上蓝、白等彩色和镀金,整个作品显得华丽而庄重,标志着新雕刻的萌芽出现。

16 世纪初,雕刻艺术有了进一步发展,并出现一批著名的雕刻家,在他们的作品中,已出现用大理石装饰和人物的雕刻,其风格带有古典的庄重。他们之中最著名的是阿隆索・贝鲁盖特(A. Berruguete, 1490—1561),其多才多艺,尤其是在雕刻方面为西班牙美术的发展做出了巨大贡献。他曾在意大利学习和工作了 13 年(1504—1517),并直接向米开朗基罗学习雕刻,临摹了不少古典雕像,古典风格和解剖学的知识已成为他创作的基础,因而他的作品形象鲜明有力,人物的动作夸张,似乎有一种激动不安之情。例如,作于 1526—1532 年的《以撒的献声》,以夸张的动作刻画人物的内心感受;《玛利亚与伊利沙伯的会面》以强烈动感刻画出飘动的衣褶,突出了伊利沙伯奔向玛利亚,准备跪拜的急切心态,而玛利亚则被刻画得庄重而安详。这一动一静的对比,不仅突出人物的不同身份,同时作者还以玛利亚搀扶伊利沙伯的手势,表现出她的崇高和温情。

17 世纪是西班牙文艺复兴艺术的后期,以巴洛克风格为主,建筑、雕刻和绘画都取得突出进展,人们盛赞这时期为西班牙美术的"黄金时代",形成了巴伦西亚和塞维利亚两大艺术中心。巴伦西亚仍与意大利交往频繁,艺术上也受其影响最深;塞维利亚当时已成为欧洲最大的商业城市之一,更成为资产阶级思想和文化艺术发展的基地,出现了以委拉斯贵支为代表的著名艺术家群体。而无论是在巴伦西亚还是在塞维利亚,艺术家们都遵循着受巴洛克风格影响的写实主义风格。如果把法国 17 世纪的美术称为巴洛克古典主义美术的话,那么西班牙 17 世纪的美术便可称为"巴洛克写实主义美术"。

在建筑方面，17 世纪西班牙的建筑艺术的主要成就，反映在对一些古老大教堂的改建和设计上，这与西班牙笃信天主教的国情有关。同时，由于美洲的发现，西班牙对印第安人文明大肆掠夺，大量金银也随之流入西班牙。而当时反宗教改革的狂热，使得教堂建筑显示出一种尽显才气和追求豪华之风，于是巴洛克风格受到艺术家们的青睐，在西班牙逐渐发展起来。到 17 世纪中叶以后，更在吸收罗马新风格的基础上，形成一种极端的巴洛克风格。

在 17 世纪的雕刻艺术中，木雕彩色像艺术在西班牙占了很重要的地位，并出现以蒙塔尼斯(Albert Montanes，1568—1649)为首的雕刻家。蒙塔尼斯创作了许多优秀的作品，其突出特点就是具有一种巴洛克自然主义的真实，而这一真实不但体现在造型的形象上，而且也体现在着色的自然上。他的代表作有《基督上十字架》《圣勃鲁诺》等。

西班牙巴洛克风格的绘画，比其建筑、雕刻有更为巨大的成就，出现了一大批对传统艺术形式提出挑战的现实主义画家，其中最有影响的就是苏巴朗和委拉斯贵支。

德·斯·委拉斯贵支(Diego Rodriguez de Silvy Velázguez，1599—1660)是 17 世纪西班牙最伟大的画家，在西欧画坛上，足可与鲁本斯①、伦勃朗②齐名的大师。主要代表作有《梳妆的维纳斯》《阿拉喀涅的预言》《纺织女》《宫女》《宫娥》等。其中《宫娥》是他宫廷画中最为经典的一幅。该画的背景是画家在菲利普的宫中画室，画面似乎是这样一个场面：正当画家为国王和王后画像时，小公主突然带着宫娥来到画室，于是他们成为整个画面的中心，画面人物围着这一中心布局，光线也围绕着这一中心设计，从而构成了整幅画面的统一。有人评论委拉斯贵支的画艺不仅包括从文艺复兴到巴洛克的精华，而且预示着未来绘画直到印象主义的发展，他也因此被称为西方绘画的百科全书。

第九节　英国文艺复兴绘画特征

英国的文艺复兴运动到 16 世纪进入高潮。从 15 世纪末开始，英国资本主义得到迅速发展，农业也随着毛纺织业的发展而纳入到资本主义生产系统。在政治上，红白玫瑰战争结束了混乱状态，专制王权更为巩固，其重商主义政策更促进了资本主义发展和“新贵族”强大。在国际上，在战胜西班牙的无敌舰队后，英国一方面巩固自己的地位，另一方面侵占美洲的许多殖民地。同时，在资本原始积累中，英国比其他任何大陆国家更为残酷，“圈地运动”和“血腥立法”所造成的贫富分化，人民生活极端贫困和由此产生的强烈不满，加速了中世纪文化观的瓦解和带有鲜明民主色彩的人文主义思想的传播，也因此形成了英国以新哲学、戏曲和戏剧理论发展为主要特点的文艺复兴运动。英国的文艺复兴绘画

---

① 彼德·保罗·鲁本斯(Peter Paul Rubens，1577—1640)，17 世纪佛兰德斯画家，早期巴洛克艺术杰出代表，西班牙哈布斯堡王朝外交使节。巴洛克画派早期代表人物。

② 伦勃朗(Rembrandt，1606—1669)是 17 世纪荷兰伟大的现实主义画家。

也在此时发展了起来。

但是在世界美术史中，英国的绘画一直不太受重视，原因是英国的新美术主要为肖像画，其他方面表现并不明显；再者，就是美术与戏剧和文学密切相关，以表现文学为主题、叙事性强的美术作品往往被归为文学插图，处于欧洲美术发展主流之外。这当然不免有失偏颇。

英国最早的肖像画出现在雕刻墓碑和书籍细密画上，在14、15世纪的一些手抄书中，肖像画、插图已经出现了某种写实手法。最典型的就是，在贝德福诗篇和祈祷书中已有肖像画，而且人物刻画也很生动，没有了中世纪的呆板。15世纪末，对肖像画似乎有了更新的探索，其中有两幅最为典型，就是亨利七世和玛格丽特·布福尔的肖像，画面背景很真实，家族的徽章证明着这些人物的身份，尤其是玛格丽特那随意歪着的头，诚实的面孔上带有娇弱，形象而生动地刻画出了贵族年轻女性的特点。由此可见，对现实主义的探讨，已使画家们远离中世纪的呆板与概念化。有人认为，英国的文艺复兴肖像画是在荷尔拜因到英国后才发展起来的，然而却无法否认，15世纪末肖像画中的这些新因素已奠定新肖像画发展的基础。有俄国美术史学家提出“荷尔拜因第一次到英国就找人画像，这件事说明英国人对肖像画已经发生很大的兴趣”。

虽然15世纪末英国新肖像画的发展有一定的基础，但德国画家荷尔拜因的影响却也是不可低估。荷尔拜因1526年第一次来到英国，在英国两年期间，为英国诸多上流社会人物画肖像。1532年他再次来英国，直到终老。其间，他曾活跃于亨利八世的宫廷，留下许多肖像画作。荷尔拜因在英国虽没有招收学生，但他留下了一大批肖像画杰作对英国画界产生重大影响。在16世纪英国与外来画家中有不少荷尔拜因的追随者。例如一名为约翰·贝茨所做的《爱德蒙·拜茨》中，人物模样、面部表情所透视出的气质都带有一种“荷尔拜因式”的风格。当然在学习荷尔拜因风格的同时，许多作品中也出现创新性，如不知作者姓名的肖像画作《托马斯·格雷谢姆全身像》《德拉瓦尔勋爵像》《穿红衣服的青年人》等作品，都注意细节的描绘以增加画面的感染力，如：格雷谢姆的黑胡须，德拉瓦尔勋爵插着羽毛的便帽、紧握手套和断剑柄的手，青年画像背景中的团团云雾、房屋、山冈、树木等，更增添了人物的鲜活度。但这种新画风的发展，在英国具体国情下遭受到阻碍，专制皇权对肖像画的写实倾向有一定抵制，主要表现为：女王和显贵肖像画的创作受到很大制约，如：女王的肖像只能是“标准像”，而这些为女王作肖像的画家只有女王选定的几个人，同时宫廷肖像画和贵族肖像画也受到宫廷规定的限制，画家创作便受到约束。由于注重服装细节琐碎的描绘，多取静止而刻板的画风，创作的人物失去生气，显得呆滞而僵硬。

16世纪中叶，在一些外来画家的努力下，肖像画中一些生硬呆板的画风逐渐有所突破。作为亨利八世、爱德华六世和玛丽一世宫廷画师的威廉·斯克罗兹(William Scrots)于1550年为玛丽一世所做的肖像，在其标准相貌中显出性格冷酷的一面；从安特卫普来到英国宫廷的汉斯·艾沃茨(Hans Eworth)于1555年绘制的《马力·内维尔·达克莱男爵夫人》，非常精细地描绘在华贵服饰和红色衬托下苍白而肥胖的面孔、手指上闪光的戒指和坐卧的首饰盒及挺胸的姿态和平视的目光，突出了当时贵族妇女的养尊处优和雍容华贵。至16世纪下半叶，微型肖像画有了很大的发展，并最终突破早期生硬呆板的画风。在这方面最具有代表的人物是尼可拉斯·海拉尔德和伊萨克·奥利弗。

尼可拉斯·海拉尔德(Nicholas Hilliard，1547—1619)是英国本土著名的金银首饰师、雕刻家和绘画家，曾服务于伊丽莎白宫廷，并极受女王的宠爱。海拉尔德的肖像画主要创作于1571—1616年，以水彩和水粉颜料，绘于羊皮纸上。他的作品一改中世纪微型画的矫揉造作及平面构图细腻描绘和人体比例被拉长的风格，以其华丽的色彩、富有旋律的颤动线条刻画出人物的动感，画面也因此充满生气，具有一种自然主义的美，从而使微型肖像画创作达到了最高峰。他的《玫瑰花丛中的无名男子》画面以英国风景、盛开的玫瑰花枝条为背景，以红与绿、黑与白颜色的鲜明反差，将人物突显在画面上。人物的服饰表明他的贵族身份：他一手叉腰，支撑着自己的大袍，一手扶在前胸，整个身体无力地依靠在树干上，略低着头，面部充满了忧愁。这种表情，配以无力地依在树干上的姿态，使人感到他心中的痛苦，而那象征爱情的玫瑰花丛，更使人有理由相信这个年轻人正陷入单相思的愁苦之中。在《乔治·克利夫像》中再次体现了海拉尔德自然而生动的画风。克利夫是伊丽莎白时代典型的水手、朝臣、海盗、赌徒，因而在海拉尔德笔下他被描绘成一名忠实于女王的骑士。他一身骑士装束，手持矛枪，头上戴着那颗女王赐予的钻石头饰；他站在橡树下，趾高气扬的姿态，以及天空和云彩的背景，使一个依仗王权、专横跋扈、不可一世的形象跃然纸上。而这一形象与单相思的男子有天壤之别，海拉尔德肖像画的自然生动便也在其中了。作为最有成就的艺术家，海拉尔德还著有《论肖像艺术》一书，书中不仅怀着对前辈的崇敬，总结荷尔拜因、丢勒等大师的经验，还发表不少自己的见解。例如对“美”的看法，他认为，人类的脸是绝对美的典型。作为英国人，他特别注意表现英国人的美，说英国人不仅脸部有一种稀有的美，而且他们身体的每一个部位，包括手与脚都有一种“天使之美”。这些观点，不仅说明他的美术理论，同时也反映出作为文艺复兴时代英国艺术家的民族情结。

伊萨克·奥利弗(Isaac Oliver，1556—1617)生于法国，童年时随家庭迁至英国，后拜师海拉尔德。创作实践中，他既继承老师自然主义的风格，又形成自己的特点。他的作品往往以阴影和深色突出立体感，以环境的渲染突出人物。如作于1610—1615年的《赫伯特勋爵像》，画面上铺在地上深棕色的毯子和花草小枝，衬托出穿着蓝色制服的躺在河边大树荫下的勋爵。前景，两颗棕色树干和逐渐伸向远方伸展的绿色树枝，配合着蓝色河流、山石和天空，构成一个开阔的空间；中景，两匹休闲的马，靠在树干上的旗帜和忙碌着晾晒衣服的随从；后景，手托着头、席地而卧稍事休息的勋爵姿态，巧妙地刻画出他们之间的主仆关系，同时也刻画出一个远征途中骑士中途休息的情景。《诗人菲利普·西德尼像》被认为是一幅“绝妙的人物画”，青年诗人身穿盛装，手拿芦笛坐在大树下，背景为一片宫殿建筑，其中有不少宫中生活细节描绘，诗人被融入贵族生活的氛围之中。突出描绘贵族生活的另一幅画为《理查·赛克维尔像》，画中人物身着骑士甲胄，面带微笑，其周围摆满了描绘得精细入微的盔甲、手套等骑士用品和标志；陈设华丽、如淡蓝色的带有花纹的天鹅绒帷幔和红色天鹅绒桌布及挂毯，描绘得极富质感。但是，人物精神面貌除那一丝微笑外却表现得比较平庸，不够生动。

除了海拉尔德和奥利弗，16 世纪后半期活跃于英国画坛的著名人物还有乔治·格温、罗伯特·匹克、马尔库斯·吉尔拉兹、彼得·奥利弗等人，他们的作品不仅体现新思想，也为英国微型肖像画和架上肖像画的发展做出了贡献。

第十节　英国文艺复兴建筑风格

英国文艺复兴建筑艺术的发展与其国情变化密切相关。随着 15 世纪末资本主义迅速发展，亨利八世的宗教改革和英国国教的建立，修道院封闭，教会的土地卖给新贵族和资产阶级，大型的宗教建筑基本停止。16 世纪上半叶，随着一些法国和意大利建筑师的到来，英国建筑艺术逐步发生变化，得到大片土地的新贵族和资产阶级开始建立四合院式的大型府邸。16 世纪下半叶，意大利建筑风格影响明显加强，英国的建筑艺术有了显著的“文艺复兴新元素”。17 世纪时，宫廷建筑中显示出新精神，标志着英国文艺复兴建筑艺术进入繁荣阶段。

16 世纪上半叶，英国新贵族和资产阶级的庄园住宅建设开始兴起，这种住宅大都建在环境幽雅的平原上，同时改变了中世纪带有防御性质的塔楼雉堞的城堡形式，一般为四合院，建筑也趋向对称和平衡。受尼德兰影响，建筑材料多选用红砖，砌体的灰缝很厚，腰线、卷脚、过梁、压顶、窗台多选用灰白色的石头。房间的建设也越来越生活化，趋向舒服和方便，如增设书斋、休息室、儿童活动室、洗衣房、备餐间，甚至客厅都有冬夏之分等。室内装饰大多带有浮雕的深色护墙板和浅色格子花纹的顶棚，中间往往垂钓一个钟乳状装饰物。这些变化正如建筑史学家分析的那样，是新贵族和资产阶级生活领域扩大，文化水平提高，兴趣广泛和事业活动积极的效果。西方建筑史上把这种形式的建筑称为“都铎风格”，是向文艺复兴过渡的一种建筑形式。

英国文艺复兴建筑艺术开启的标志，一般被认为是建于 1512—1518 年的威斯敏斯特修道院礼拜堂中亨利七世的陵墓，而这一标志性建筑的修建应归功于亨利八世。他在位期间，宫中聘请一些意大利建筑师，此陵墓的修建者就是佛罗伦萨的彼得罗·托里加诺。16 世纪上半叶，另一个标志性工程是汉普顿宫，修建于 1504 年，初为红衣主教沃尔西的宅邸。沃尔西下台后，亨利八世进行大规模修建，把它作为自己的王宫。王宫的第一层有一间国王专用的豪华大厅，二层为宽敞的长廊，楼梯和楼梯厅装饰得富丽堂皇，各房间之间往往构成小组合，方便居住。

16 世纪下半叶，随着英国新建筑发展的需要，英国文艺复兴建筑兴盛起来。从建筑形式上看，建筑的平面和立面布局更趋向对称，规整；从建筑思想看，更注意现实和时尚生活的需要和方便，最为明显的就是增加图书室、瓷器室等专用房间，原来的大厅也被宽畅豪华的长廊所替代。此时，较为典型的建筑便是：1567—1580 年的朗利特宫，建于 1590—1597 年的哈德威克宫，建于 1580—1588 年的沃拉顿宫和建于 1572 年的北安普顿柯比宅邸。这些建筑无论是平面还是立面，都遵循规范对称原则，立面柱式的采用已占主导地位，在其垂直和水平分割下，整个地面显得规整、均衡而简洁。适应英国寒冷多雾气候的宽畅大窗，照亮了室内的豪华装饰和墙上的壁画、肖像、兽头、剑戟、盔甲等。这一座座新型建筑，已从根本上改变英国封建城堡式的建筑形式，新建筑的主人们也由原来的封建贵族，变为开明、文雅、见多识广的新贵族和资产阶级。

17世纪初，英国文艺复兴建筑艺术的繁荣则以著名建筑师伊尼戈·琼斯（Iniqo Jones，1573—1652）为代表。琼斯出生于伦敦一个呢绒商家庭，尽管家庭经济并不宽裕，从小良好的教育为他以后的成长打下了基础。他曾两次去意大利，受到意大利人文主义的熏陶。第一次回国后，主要活动在舞台方面，无论是在演出还是在舞台设计或道具布置方面，都表现出一个戏剧革新家的才干，这为他以后在建筑设计方面拓宽了思路。琼斯所处的时代，正是英国"朕即国家"的"绝对君主制"时代，英国宫殿的建设正在取代庄园宅邸而成为英国新建筑主流，因而本来就喜欢建筑艺术，尤其是崇拜意大利建筑师帕拉蒂奥建筑风格的琼斯，第二次到意大利便专门研究帕拉蒂奥的各种建筑作品及其建筑理论。由于学习刻苦，回国时他已是一个专业设计师。虽说自都铎王朝以来，古典风格因素已渗透到英国建筑的某些细节中，但系统地把古典，特别是把帕拉蒂奥风格的"尊严"和"高贵"运用到英国新建筑的实践中，得归功于琼斯，而英国文艺复兴建筑艺术走向繁荣的功劳也应首先归功于琼斯。琼斯的重要代表作有赫特菲尔德宅邸、女王宫和白宫宴会厅。这些建筑特点在于整齐规整的对称结构中突出有意大利建筑风格的一层涟漪的拱门。伦敦格林威治女王宫，据说是以帕拉蒂奥设计的一个庄园为蓝本，整个建筑是一个规规整整的六面体，两层的建筑，入口大厅有两层楼高，顶层铺以光滑的石面，并装饰着飞檐和石头栏杆，整座建筑为白色，显得十分漂亮而优雅。在琼斯的作品中还必须提到的就是伦敦白宫大厅。白宫的设计规模巨大，所占土地面积是西班牙埃斯克里亚宫的两倍，宫殿为巨大的正方形，包括7个院落，正中院落占地29 768平方米，在两侧各有三个小院落，靠西侧中间的一个是别致的圆形，使整个建筑规整中显示出活泼的气氛。白宫的四个正里面，中央为三层，两侧为两层，每个角都建有一座方形的塔楼，与大院中心一对小塔楼相互呼应，甚是和谐。白宫的东面濒临泰晤士河，这里是一个占地20公顷的大广场，更衬托出白宫建筑的宏伟。可惜这样一个伟大的设计，由于经济困难和资产阶级革命的爆发没有完工，完工的部分只是坐落于中央大院落中的宴会大厅。大厅建于1619—1621年，是一座建在粗糙石基上的两层建筑，大厅内部高17.6米，四角有两两成对的奥尔尼亚式和科斯林式的柱子组成的夹层回廊，回廊处于正立面两层间的突出高度，从外观看，整个建筑的重量就像靠柱子支撑着。正立面上以半圆形的壁柱强调窗户的开间，四角的双柱则给人以坚固和稳定之感，一层的窗楣以中央的三角形为准，两边分别为弧形，三角形对称成间隔排列，二层的窗楣都采用平直状，使得整个建筑物在规整和活泼氛围中更显得和谐。从以上几座建筑来看，琼斯的作品尤其是白宫大厅，已完全脱离欧洲中世纪式样，而代之以全新的文艺复兴式样。由此，宫廷建筑成为英国建筑艺术发展的主流，这不仅标志着英国文艺复兴进入了最高发展阶段，并为古典主义建筑奠定了基础。

第七章　文艺复兴时期的工艺美术

工艺美术也属于艺术的一个门类，它具有收藏价值和装饰性，但更具实用性，甚至是直接的生活用品。文艺复兴时期的工艺美术的发展，其民间化和社会化的走向更为明显，日益远离宗教，而转向世俗；民向化和世俗化导致了工艺品市场的扩大，加速了企业生产的发展和产品种类的增加。文艺复兴时期的工艺美术，更注意造型的优美、色彩的绚丽。

第一节　金银工艺

文艺复兴金银工艺的发展也基本遵循两个方向：一是为宫廷贵族和城市的上层服务；二是面向市民阶级。这个时期，为满足上层要求的金工工艺品主要是贵金属制品，如金银餐具、烛台、摆件、各种首饰等。从物件的制作技术来看，虽基本上与中世纪无大差别，但珐琅、宝石等综合使用的新技术在14世纪开始迅速发展起来，到了15世纪已具有相当的水平。

意大利文艺复兴时期的金银工艺的发展，首先以佛罗伦萨为起点。1474年佛罗伦萨就已有44个金银细工作坊。16世纪时，有金银工艺师制作了样式主义艺术雕刻中的精品——一件黄金象牙珐琅和乌木制的小盐罐，其精美程度令人赞叹。切里尼不仅作品精致，还将自己的经验总结写成了《论金饰制作技艺》。他还应法兰西斯一世之邀来到法国收了不少学生，促进了法国金工工艺的发展。莱奥纳多·达·芬奇，曾用白银制作过一个马头形状的竖琴，被认为是文艺复兴时代最具代表性的珍奇精品之一。瓦萨里记载说："这种新式设计使音色更显清亮。"①在法国，15世纪初，这一技术以法国为中心发展起来，其作品成了王公贵族们追求珍藏的物件。

在16世纪时，德国在金银工艺品制造方面达到了很高的水平，而且德国也成了欧洲银器制作的最大中心。例如，荷尔拜因就曾接受朝臣安东尼·丹尼的委托制造了一座精致的钟表，送给亨利八世做礼物。16世纪纽伦堡著名的金银师文策尔·雅姆尼策

① 乔尔乔·瓦萨里：《巨人时代·意大利艺苑名人传(上)》，徐彼等译，湖北美术出版社，长江文艺出版社2003年版。

(Wenzel Jamnitzer，1508—1585)发明了一种旋转的印戳用来制作线脚和重复的缘饰，丰富了金属工艺的装饰法。他的作品极富特色，许多都被宫廷收藏。陈列在慕尼黑莱奇蒂博物馆的贝壳式水壶便出自于雅姆尼策之手，这件作品的奇特之处在于，它吸收了制陶工艺“田园风味”的装饰手法，将自然界的动物形象与完美的精工技艺相结合，产生了新颖而别致的效果。一件名为《豪华银杯》的银器制品是由纽伦堡的著名银匠师设计制作。这件作品虽只是用了银这一种材料，但它丰富的线条变化使它产生了一种动感。整个杯子的每一个部位都布满了植物纹样，杯口又像一朵盛开的花朵。奇特而又实用的造型，使这一餐具具有了极高的艺术魅力；呈葫芦状的杯托不仅使整个杯体显得异常活泼，其造型也适合手的端握，使用时极为方便；其敞口花瓣造型不仅与杯面的植物线条配合协调，且弧形花瓣组成的杯身也扩大了杯子的本身容量，实用价值得到了提高。这件《豪华银杯》无论从艺术性还是从实用性上，都应属文艺复兴时期金工饰品的上乘之作。

除了金银制品外，金工工艺还包括青铜工艺制造。与金银制品相比，作为工艺品，它不仅有艺术美感，而且实用性更强。作为工艺品的青铜器有武器，如盔甲、盾牌和各种用具，还包括餐碟等制成装饰品的。英国文艺复兴研究专家米凯尔·列维[①]在《盛期文艺复兴》一书中介绍了文艺复兴时期的一些青铜工艺品：16 世纪有一支德国产的带有小型古典装饰的轮枪机，它的青铜装饰不仅使这件武器成了工艺品，而且保留了它原有的作用；还有一件维多利亚时期制作的金银宫廷门的门环，中间是海神，它被河马和缠绕起来的水草包围着。有人在欣赏这幅作品时，感到河马在喷着鼻息，水草在飘动，以致惊呼青铜怎么会神奇地变得如此栩栩如生；金匠师菲罗特纳尔(Philo Turnerm)制作的一把礼仪用椅更是奇特，椅子的四条腿制成骑在四只口含着球的海豚身上的四个小天使的模样，他们的动作给了座椅一种向上的力量，座椅的重量也就在他们身上“消失了”。椅子的叶状扶手弯曲向后，然后再直立向上变成了椅背的支架，形状也变成了烛台柱形；扶手向下，与两个高贵的带有纹章的古代人像衔接，构成了椅子的底座，这样在向下、向上的两种趋势的连接下，就减轻了椅子的沉重感，再加上布做的椅背，整个椅子显得很轻便；同时，青铜的质地和椅子腿与底座间紧凑的结构，又给人一种安全感。正是从这些各具特色的作品中，我们看到了文艺复兴时期青铜工艺的技术水平。

第二节　陶器和玻璃工艺

由于陶器和玻璃工艺颜料低廉，其工艺品的价格低且具有实用价值，自然比金银制品更符合广大市民生活的需要和对艺术品的追求，市场自然也更为广阔。因而，文艺复兴时期陶器和玻璃工艺发展迅速，这反映了文艺复兴时期艺术的发展对下层人民的影响，同时也反映了文艺复兴运动所具有的社会性的深度和广度。文艺复兴时期的陶器和玻璃工艺

---

① 米凯尔·列维，英国美术馆馆长，著有《盛期文艺复兴》，赵建平、李晓明译，重庆出版社 1990 年版。

首先在意大利得到发展，后传到欧洲各国，并在各国形成各自特点。

意大利是文艺复兴陶器工艺发展最为典型的国家，其影响也最大。意大利陶器工业的发展有着悠久的历史。佛罗伦萨、锡耶纳、波伦亚和费拉拉都是著名的制陶圣地，到了文艺复兴时代意大利陶器通常被称为“马约利卡式陶器”。马约利卡岛是地中海上的一个小岛，西班牙瓦伦西亚的一种褐色釉陶曾经过这个小岛输入意大利因而得名。15 世纪中至 16 世纪上半叶是意大利文艺复兴陶器工艺发展的盛期，形成了以威尼斯为代表，图案带有东方风格的陶器，特别是陶盘上的图案，更是直接反映了人们的日常生活，如订婚纪念日、结婚纪念日、小孩的生日等。从这些风俗图案来看，这些陶盘应多用于陈列装饰。

意大利的制陶业对欧洲，尤其是法国有很大的影响。据说法国宫廷中 14 世纪就已有意大利制陶工。马约利卡式陶器大约于 16 世纪初就传入法国，很快发展并流行，成为市民家庭的摆件和用品。例如，里昂的一个销售药品的商人就存有 5 000 多个陶制药罐，仅此一例，便可看出此时法国制陶业发展的盛况。如果说 16 世纪上半叶法国的制陶业处在意大利马约利卡式陶器制造的影响之下的话，那么 16 世纪下半叶，法国的制陶业已在发展中形成了自己的特点，并出现了本国著名的制陶大师贝尔纳 · 帕利西（Bernard Palissy，1510—1589）。帕利西对法国制陶业的贡献首先在于陶器的装饰上，以浮雕式代替了马约利卡的绘画，题材基本都是鱼、虫、贝、虾等。无疑，这些装饰图案来源于作者对大自然细心的观察，同时也表现了他对自然中小生命的热爱。也许正因为如此，帕利西的陶器制品有着“田园风味的陶器”之称。米凯尔 · 列维甚至认为就自然的研究成果来说，帕利西“可以同培根一起列入 16 世纪自然科学家的行列”。他对法国制陶业的第二项贡献就是通过多次实验发明了一种很有特色的上釉技法，从而使法国出现了非常精美的上釉瓷盘。帕利西的陶瓷使用了黄、蓝、绿等颜色的透明铅釉而具有了近似瓷器的特点。

除陶器而外，文艺复兴时期的玻璃制造工艺也以意大利最为典型，玻璃制造业的中心最初为威尼斯，15、16 世纪传到欧洲各国，并在各国的发展中呈现各自的特色。

意大利的玻璃工艺制品最初称为“姆拉诺式玻璃器”。这是因为它的最早产地是属于威尼斯的姆拉诺岛。威尼斯的玻璃制品最主要原料是石英砂和纯碱，用这些原料合成的玻璃称为“钠钙玻璃”。玻璃器皿的制造要经过两道烧制工序：先是成型烧制，然后在成型的器皿上绘以彩绘图案如神话故事中的各种人物，如骑士、淑女等；之后再进行第二次烧制而完成。常见的玻璃器皿主要有玻璃杯、玻璃碗、玻璃盘等，造型极为美观。还有一种作为结婚礼物的玻璃器皿，上面的彩绘是男女的胸像，华丽异常。到 15 世纪末至 16 世纪初，许多制作者从金属工艺中得到启发，将镶嵌技术应用到了玻璃工艺中，同时玻璃本身的制造技术也不断提高，既能生产薄而透明的玻璃，又可加入不同的原料，生产出彩色玻璃，还出现了仿大理石、玛瑙的玻璃器皿和仿金属及仿陶器的玻璃器皿。器皿造型也更为多样化。以杯而言，就有鸟形、高脚型、人体型、双耳形等，这样的玻璃制品，平凡中显出高雅，实用中更具有艺术的欣赏价值，提高了玻璃制品的艺术性和品位。威尼斯的“嵌线玻璃”也称“嵌网玻璃”，更是这种高品位艺术品中的佼佼者。

意大利的玻璃制造工艺技术曾一度被威尼斯所垄断，政府以重刑惩处的法律手段保护这种垄断。但在16世纪时，无论是法国、英国、尼德兰还是德国都有了意大利玻璃制造工匠，如：英国在1550年就已有威尼斯玻璃工匠师活动的记录；德国的纽伦堡市政府在1532年宣布采用威尼斯玻璃工艺技法；等等。意大利的玻璃制造技术，无疑推动了这些国家玻璃工艺技术的发展；同时，这些国家的工匠在不断创新中也形成了自身的特点。例如，尼德兰和德国因地制宜地改造了制玻璃的原料，以一种钾的氧化物为主要成分的原料，生产出了比威尼斯更优质的产品；德国森林地区的工匠们还生产出一种绿色的玻璃，使器皿的颜色通体呈现绿色，清雅而别致，极具欣赏性。

第三节　玉石与织物工艺

文艺复兴时期，玉石工艺在继承中世纪玉石工艺的基础上取得了很大的成就。像其他的工艺美术一样，其中心首先是在意大利，后随着文艺复兴运动的传播在西欧各国发展起来，并形成了自己的特点。与此同时，水晶制品、大理石制品、石膏工艺制品等工艺技术也都发展起来，并在文艺复兴时期的工艺美术中占有重要地位。

意大利的玉石工艺技术有着悠久的传统，文艺复兴时期无论是在造型还是在装饰点缀方面，工艺技巧都发挥到了极致，创造出了众多造型精美、刻制精细，并配以金属镶嵌、景泰蓝装饰的极为经典的玉石工艺品。因材料的不同，玉石制品又分为玛瑙、碧玉、琉璃、水晶制品等。这些玉石制品在意大利各地，尤其是在佛罗伦萨和威尼斯更形成了各自不同的特点。在佛罗伦萨玉石制品以玛瑙、碧玉和琉璃品为主，威尼斯则以水晶制品为主。在佛罗伦萨工艺美术馆的一件16世纪米兰制造的“鸟形水晶杯”，造型生动而形象，如扬起的头注视着前方的目光，长长的喙、两扇张开似欲飞翔的翅膀以及翘起的尾巴，在给人一种强烈运动感的同时，又有一种平稳的静感。特别有意思的是，在带有回纹的翅膀上还悬挂着珠链，这样便把翅膀欲飞的“动”和珠链下垂的“静”巧妙地结合了起来，于是，人们在观赏这一艺术品想象那种“动感”时，会不自觉地被拉回到眼前的这只静止的杯子上，从想象中回到现实中来。再审视这一器皿的实用性：大而圆的鸟身可装入不少的东西；两扇张开的翅膀可防止东西过满而外溢。于是，艺术与实用被巧妙结合了起来，显示出设计者技艺的高超。当然，这只水晶杯，不仅造型奇特，还以黄金、景泰蓝材料加以装饰点缀，就更增加了它的艺术性和欣赏价值。在佛罗伦萨工艺美术馆，还收藏着另一件包金银边的水晶匣。这件物品的珍贵就在于它在有限的水晶板上雕刻出了众多的人物，而且雕刻技术极为熟练，人和景物雕刻得非常细致，使人叹为观止。其中的一幅雕刻，小小的画面上刻有7个人物和一座建筑，人物形态各异，有站着相互聊天的，有蹲着在地上画着什么的，也有驻足低头的，他们衣服皱褶与其动作也极为相配，整个画面情节性极强。再看那座建筑，虽很简练，但作者通过拱门，刻画出了很强的立体感，建筑物上的字迹清晰可辨。面对这样一件作品，任何一个欣赏者都不会不赞叹工匠的技巧，为艺术品的魅力所倾倒。

文艺复兴时期的织物工艺也是以意大利为中心发展起来的，尤其以织锦工艺最为出色。这种工艺在14世纪后期流传法国巴黎、尼德兰的布鲁塞尔、安特卫普等织锦工艺中心，并在各地形成了各自的特点。

意大利文艺复兴时期的织物工艺的发展，较其他欧洲国家要早，并形成了以佛罗伦萨、锡埃纳和米兰为中心的织锦中心。当时的高档织锦以壁毯为主。巴黎的克流尼美术馆和佛罗伦萨阿卡特米亚美术馆收藏了一些文艺复兴时期的织锦挂毯，这些挂毯无论是制作工艺，还是图案设计都受到东方的影响。在织物工艺中织锦最受欢迎，它色泽丰富艳丽，除单色如红色、蓝色等外，还有双色、三色。14世纪时还出现了一种夹金线的花锦。图案的设计很具写实性，有宗教、神话故事、中世纪骑士、淑女，还有各种花卉图案等。15世纪，意大利织锦艺术中最突出的就是石榴纹的构图，其花、叶的形状复杂、构图充实，制作精细，显得富丽华贵。16世纪织锦的图案设计与15世纪相比，趋于简单化、图案化，石榴花纹被对称的构图和大结构的花卉纹样所代替，但构图更加稳健、色彩更加明快和强烈，尤其是16世纪的机织工艺品更显精巧和细致。

法国文艺复兴时期织锦工艺的最大中心是巴黎，或许受法国宫廷和贵族的影响，其织锦图案的内容多以英雄传说和骑士故事为主，并往往配有自然风光，色彩淡雅、风格清新。尼德兰的布鲁塞尔是一座有大规模织锦作坊的城市，这里生产的织锦，图案设计的内容多为历史故事，技法深受绘画尤其是壁画的影响，有的甚至以壁画大师的整幅作品为范本，移植于织锦上。到16世纪，尼德兰织锦挂毯名扬全欧，其珍品往往请意大利艺术大师制作绘画的底样，编织完成后送往各国宫廷，其中最著名的杰作便是拉斐尔画的圣经故事系列挂毯，现藏罗马教皇的梵蒂冈宫。

第四节 家具工艺

文艺复兴宫廷和宅邸建筑的发展，带动了家具工艺的推陈出新。像其他文艺复兴艺术一样，文艺复兴家具艺术也起源于意大利，并且影响了欧洲其他国家。文艺复兴新式家具最早出现在15世纪的佛罗伦萨，其后在西欧各国流行，并形成了自己的特点。

意大利文艺复兴的家具工艺，也走了一条学习古典，并加以改造和创新之路。这一特点，明显地反映在对古典建筑物的模仿上。例如，当时意大利的主要家具之一的箱柜一般为长方体，带有高高的坐台，四角架常采用半附柱或螺旋形支柱的形式，顶上盖有檐板，其正面往往以绘画雕刻和石膏浮雕为装饰，内容多以神话故事、寓言、生活风俗和庆祝场面为主。经过这样的改造和创新，家具便被艺术品化，而在这一艺术化的过程中，随着意大利文艺复兴美术的发展，又形成了各具特色的三大家具中心，这便是佛罗伦萨、罗马和威尼斯。

佛罗伦萨的家具有三大特征：第一，家具的原料主要选用胡桃木。这种木材适合雕刻，而且经过油漆和染色处理后，呈现出柔和而光亮的褐色，显得温馨而高雅。第二，家具式样的创新。文艺复兴时期，佛罗伦萨城出现了一种名为“卡萨坡恩科”的家具。这是一种集箱柜、座椅和床于一身的复合式家具。这种被当时人称为“万能”的家具在佛罗伦萨十分流行。第三，16 世纪中叶以后，随着艺术“样式主义”的趋向，佛罗伦萨上层人家的家具越来越追求精美和豪华。有些箱柜，其表面雕刻之精美，简直就是一件华丽的艺术品。罗马文艺复兴时期，家具发展的突出特征是它的仿古性，处处呈现出古代大理石雕刻和浮雕式样。在刘汝醴和张少侠编著的《西方美术发展史》中，描述罗马文艺复兴时期的家具这一特征时将其形容为“古代雕刻艺术的复制品”。① 罗马家具的这种一味追求仿古雕刻特征，主要是源于教皇企图在艺术形式上显示出自己至高无上的权力，因而造成家具造型的死板和装饰物艺术的单一化，结果在家具材料的实用性、结构和形式的多样性上都无法和佛罗伦萨相比。文艺复兴时期威尼斯家具的特色主要表现在它的精美和豪华的式样上。在家具制造的过程中，极注重装饰效果，所以石膏浮雕、贴金、漆绘、骨片和象牙镶嵌、嵌木细工等都被广泛使用于家具的制造中，同时为了显示主人的富有和高贵，家具还往往用天鹅绒做衬垫。三个城市相比，佛罗伦萨的家具显得简洁单纯，较实用；罗马的仿古，特别是它的一种带兽爪的桌子和柜子，更给人一种权威和严厉之感，这恐怕与罗马为教皇的所在地不无关系；威尼斯家具的豪华，则是本城富有而追求享乐的一种反映。

法国文艺复兴时期的家具式样在 16 世纪中叶前主要是受意大利家具风格的影响，16 世纪中叶开始，法国家具设计在注重整体的统一性和和谐性上日渐形成了自身的特点。法国文艺复兴时期的家具，在 16 世纪中叶已明显地带有意大利的风格，主要表现在家具的半附柱、蔓藤和人物形象等装饰上的意大利化和大理石镶嵌、石膏浮雕等技法的使用上。16 世纪中叶后，法国的家具无论是从设计上还是在装饰的技法上都在意大利风格的基础上进行了创新，这在法国家具制作中心巴黎尤为明显。比如，在刘汝醴和张少侠编著的《西方美术发展史》中，作者列举了碗柜的制作，就是在新旧的结合上出彩；橱柜的门仍为旧式双开门的结构，但装饰手法上却很新颖，橱柜的正面常以半附柱作为分割线，以加强立体感，顶端雕有檐板，带饰和下垂的花草纹样，使刻板的家具产生了一种活力。特别是在后期的制作中，又采用了大理石镶嵌和石膏浮雕刻花贴金法，更使碗橱显得豪华和精巧。

16 世纪末，法国文艺复兴家具的发展进入末期阶段，家具的和谐之美似乎也走到了尽头，家具装饰在追求标新立异的样式主义的影响下，变得日益繁缛琐碎，巴黎家具中那种整体的和谐之美受到了很大冲击。尽管此时建筑家杜・萨西奥编辑出版的家具设计图集，对法国文艺复兴后期的家具式样产生了一定的影响，而其主流乃是巴洛克风格的家具。

英国文艺复兴式家具的发展同其他艺术一样，比欧洲大陆要晚得多，直到 16 世纪末叶才开始发展，17 世纪初开始繁荣，在发展的过程中，英国文艺复兴时期家具的式样保留了更多的英国民族传统。和大陆相比，英国的家具装饰显得简单而明朗，或许是由于距离大陆远的原因，它吸收大陆的因素并不太多，即使进入文艺复兴艺术样式发展的伊丽莎白

① 刘汝醴，张少侠编著：《西方美术发展史》第 1 册，人民美术出版社，1990 年版。

时期，这种风格仍然保持着，如：橱柜的造型多采用直线，座椅、靠背和旋脚粗拙而厚实，桌子和床或用方形基柱头，或是回栏式，或是花瓶式支柱，在支柱上刻一些槽纹或是莨菪叶图案便算是复杂的装饰了。这种简单明朗的特征虽在 17 世纪有所改变，例如家具的装饰，特别是宫廷的家具出现了豪华的趋向，一些原来显得粗笨的支架，如桌腿、椅腿等也逐渐趋向轻巧，并开始以天鹅绒等华贵之物作衬垫和帷盖，但总的来看，英国文艺复兴时期的家具中保守和传统的式样占主要地位。

德国文艺复兴时期的家具因受意大利式家具影响程度的不同，形成了南北两大派别，即南方派意大利化较为明显，北方派则保留了较多的民族传统性。

接受意大利式家具影响最深的当属纽伦堡，这里是德国南方家具制造中心。文艺复兴式的家具在装饰方面意大利的味道很浓，比如：箱柜都有建筑式的装饰，半附柱、檐板等装饰手法运用广泛；一般碗橱的正面常采用一组、两组也有三组的柱头装饰，有的还在顶柱部位的山墙形装饰中嵌以小型壁龛，这使整个家具就像一座小型的建筑物；在橱柜的装饰上通常采用木贴装饰，如家具一般为枞木，便用菩提木、橡木做木线贴饰或雕刻装饰，以意大利的技术手法表现出德国家具的特征。在法兰克福、巴赛尔、奥格斯堡等家具制作中心，其家具的结构出现了组合式，如橱柜就是由柜橱本身和底座两部分组合而成，在装饰上比纽伦堡更显华贵。在这方面可举查理五世的一个柜橱为例。柜橱的正面和台座分别装饰着精美的圆柱和生动的人物，另外黄杨木雕刻和大理石象牙嵌饰、铜雕、镀金、镀银等技法的使用，更增加这件家具的豪华、精致和贵重，实用性和艺术欣赏性结合得非常完美，代表着德国文艺复兴时期家具制造的最高水平。与此同时，法兰克福等地的家具还表现出多样化的特征，例如：桌子就有四腿、八腿之分，桌面有长方形、多角形、圆形之别；椅子有透雕靠背的、回栏靠背的，椅座有方形的、圆形的，还有天鹅绒或皮革坐垫和背衬的折椅。而无论是纽伦堡还是法兰克福等地的家具，到文艺复兴晚期，追求精巧繁复和豪华的装饰似乎成了一种趋势，此时出现的双耳装饰和涡卷花饰便是这种趋势的证明。

文艺复兴时期尤其是早期，德国北方的家具装饰更多地表现出传统性，例如，装饰形式多以各类花叶和人物浮雕为主，但到了文艺复兴晚期，特别是在南方追求精巧繁复、豪华式样的影响下，北方的家具在融进了某些新因素的同时，也注重保持和发展了自身的特点。例如，文艺复兴晚期德国北方家具装饰中出现了半柱像、金属和涡旋细工装饰，这显然是因为接受了意大利式家具装饰的影响，但同时北方家具还有一种利用木材本色的深浅对比做镶嵌装饰的手法，反映了德国家具传统手法的创新。

与德国相似，尼德兰文艺复兴时期的家具在受到意大利影响的同时，更注重发展本民族的传统，形成了自身的特点，而且影响了德国北方的家具装饰风格。

文艺复兴时期，尼德兰的家具制造主要集中在布鲁塞尔、安特卫普和里格，并形成了自己的风格，这主要表现在家具装饰的高超雕刻技术和叶簇装饰上。而在对意大利风格的吸收方面，安特卫普的装饰艺术家瓦德里曼·达·瓦迪斯的《装饰木工术》一书起了很大的作用。书中介绍意大利家具的古典半附柱、檐板和台座的结构，无疑影响了尼德兰家具工艺师。他们在学习这些新技法的同时,也将其融入了本国涡旋纹和螺纹等风格装饰中,使得尼德兰文艺复兴时期的家具装饰形成了一种清新优美、庄重典雅的特征。它既反映了古典趣味的普及,又显示了人们工艺美感的提高,这正是文艺复兴美术发展总趋势的一个生动写照。

参考书目

[1] (英)杰拉尔丁·A.约翰逊.文艺复兴时期的艺术[M].李建群译.北京：外语教育与研究出版社,2015.

[2] (英)沃尔特·佩特.文艺复兴[M].李丽译.北京：外语教育与研究出版社,2010.

[3] (英).杰里·布罗顿.文艺复兴简史[M].北京：外语教育与研究出版社,2015.

[4] (英)威尔斯.世界简史[M].吉林：吉林文艺出版社,2015.

[5] (美)克莱特·哈贝森.艺术家之镜[M].陈颖译.北京：中国建筑工业出版社,2009.

[6] 刘新利,陈志强.欧洲文艺复兴史·宗教卷[M].北京：人民出版社,2008.

[7] 朱龙华.意大利文艺复兴的起源模式[M].北京：人民出版社,2004.

[8] 蒋百里.欧洲文艺复兴史[M].长沙：岳麓书社,2010.

哀悼基督　乔托·迪·邦多纳

约 1035 年　湿壁画　185 厘米×200 厘米　斯科洛文尼教堂，帕多瓦，意大利

阿尔诺芬尼夫妇像　杨·凡·艾克

约 1434 年　板上油画　82.2 厘米×60 厘米　　国立美术馆,伦敦,英国

基督洗礼　皮耶罗·德拉·佛朗斯斯卡

约1450年　板上蛋彩画　167厘米×116厘米　国立美术馆，伦敦，英国

春　桑德罗·波提切利

约 1476—1480 年　布上油画　203 厘米×314 厘米　乌菲齐美术馆　佛罗伦萨，意大利

人间乐园　希罗尼穆斯·博斯

约1500年　板上油画　220厘米×389厘米　普罗多斯博物馆，马德里，西班牙

大片草地　阿尔伯莱希特·丢勒

1530 年　纸上水彩及钢笔墨水画　40.8 厘米×31.5 厘米　阿尔贝提纳博物馆，维也纳，奥地利

蒙娜丽莎　莱奥纳多·达·芬奇

约 1503—1506 年　白杨木板上油画　77 厘米×53 厘米　卢浮宫，巴黎，法国

摩西像　米开朗基罗

约 1515—1516 年　大理石雕像　高 255 厘米　梵蒂冈圣彼得大教堂，梵蒂冈，罗马，意大利

雅典学院　拉斐尔

约 1509—1511 年　湿壁画　500 厘米×700 厘米　梵蒂冈,罗马,意大利

巴库斯与阿里阿德涅　提香

约 1520—1523 年　布上油画　176.5 厘米×191 厘米　国立美术馆,伦敦,英国